Movimentos sociais e redes de mobilizações civis no Brasil contemporâneo

Dados Internacionais de Catalogação na Publicação (CIP)
(Câmara Brasileira do Livro, SP, Brasil)

Gohn, Maria da Glória
  Movimentos sociais e redes de mobilizações civis no Brasil contemporâneo / Maria da Glória Gohn. 7. ed. – Petrópolis, RJ : Vozes, 2013.
  Bibliografia

2ª reimpressão, 2019.

ISBN 978-85-326-3946-2

1. Brasil – História 2. Movimentos sociais – Brasil 3. Participação social I. Título.

09-11321   CDD-981

Índices para catálogo sistemático:
1. Brasil : Movimentos sociais e mobilizações civis : História social   981

Maria da Glória Gohn

Movimentos sociais e redes de mobilizações civis no Brasil contemporâneo

Petrópolis

© 2010, Editora Vozes Ltda.
Rua Frei Luís, 100
25689-900 Petrópolis, RJ
www.vozes.com.br
Brasil

Todos os direitos reservados. Nenhuma parte desta obra
poderá ser reproduzida ou transmitida por qualquer forma
e/ou quaisquer meios (eletrônico ou mecânico, incluindo
fotocópia e gravação) ou arquivada em qualquer sistema ou
banco de dados sem permissão escrita da editora.

CONSELHO EDITORIAL

Diretor
Gilberto Gonçalves Garcia

Editores
Aline dos Santos Carneiro
Edrian Josué Pasini
Marilac Loraine Oleniki
Welder Lancieri Marchini

Conselheiros
Francisco Morás
Ludovico Garmus
Teobaldo Heidemann
Volney J. Berkenbrock

Secretário executivo
João Batista Kreuch

Editoração: Sheila Ferreira Neiva
Diagramação: AG.SR Desenv. Gráfico
Capa: Felipe Souza/Aspectos

ISBN 978-85-326-3946-2

Editado conforme o novo acordo ortográfico.

Este livro foi composto e impresso pela Editora Vozes Ltda.

Sumário

Apresentação, 7

Introdução, 11

Parte I Redes de mobilizações no Brasil contemporâneo – A conjuntura e as categorias que se destacam, 15

Parte II Mapeando a cena: movimentos sociais e associações civis, 39

1 Movimentos sociais ao redor da questão urbana, 45

2 Movimentos em torno da questão do meio ambiente: urbano e rural, 83

3 Movimentos identitários e culturais: gênero, etnia, gerações, 89

4 Movimentos e demandas na área dos direitos, 121

5 Movimentos ao redor da questão da fome, 127

6 Mobilizações e movimentos sociais: área do trabalho, 131

7 Movimentos decorrentes de questões religiosas, 139

8 Mobilizações e movimentos sociais rurais, 143

9 Movimentos sociais no setor das comunicações, 149

10 Movimentos sociais globais, 155

Os fóruns, 161

Conclusões, 169

Referências bibliográficas, 175

■ Apresentação

Este livro apresenta um mapeamento das formas de demandas e lutas da sociedade civil brasileira, organizadas em movimentos sociais ou em redes de mobilizações e associações civis na atualidade. O mapeamento focalizará quais são as áreas temáticas e seus eixos de manifestação como problema social, um breve perfil desses problemas, onde se localizam as demandas e lutas, quais são os sujeitos sociopolíticos e culturais que estão envolvidos, em que territórios estão situados, que ações protagonizam, como são tematizadas suas ações, como constroem as redes por onde circulam etc. Indaga-se sobre a natureza e o sentido das ações coletivas produzidas pelos movimentos sociais ou associações civis e seus respectivos projetos sociais. Observa-se que essas ações são impulsionadas por parcerias entre ONGs, associações, movimentos e entidades oficiais estatais. Selecionamos alguns exemplos, dentre os inúmeros possíveis em cada forma de ação coletiva existente, para serem utilizados como exemplos ilustrativos. Não se trata de organizar listagens, até porque esta seria uma tarefa enciclopédica e um tanto inútil, pois, na realidade, os movimentos e as redes estão sempre se recriando. Tencionamos apenas fornecer elementos para um panorama temático no campo das demandas e formas organizativas da sociedade civil brasileira na atualidade. Em uns poucos casos realizamos um breve resgate histórico do movimento em análise devido à importância que a sua temática adquiriu na atualidade, a exemplo da educação.

Na era do poder das mídias, as representações simbólicas nos auxiliam a transmitir as mensagens. Assim, a ideia central contida no objetivo deste livro é a de apresentar uma foto, um retrato, uma fotografia ampliada do universo onde se move a sociedade civil organizada em busca de soluções para seus problemas e demandas. Imaginem telas de um filme sendo abertas, sequencialmente, descortinando cenários de sujeitos em movimento. Estes sujeitos compõem, com suas ações, os capítulos de uma novela que não é ficção, é real, é o cotidiano de milhares de pessoas. A meta perseguida neste desfilar de cenas, cenários e paisagens é a de que se possa fazer um balanço das formas das ações coletivas expressas em movimentos sociais e nas redes de mobilizações, e demonstrar que a sociedade civil não é massa amorfa ou inerte. Mas é preciso qualificar estas ações, que tanto podem ter caráter emancipatório e transformador, como meramente integrativo e conservador.

Vários desafios foram enfrentados na elaboração deste livro a fim de compatibilizar as múltiplas dimensões dos problemas e ações selecionados, quais sejam: apresentar uma descrição dos problemas nas áreas focalizadas como eixos temáticos, destacar os movimentos e as associações/organizações que lutam nestas temáticas, e construir um olhar crítico sobre seus trabalhos, de sorte a garantir que a fotografia produzida não seja apagada, borrada ou inerte, mas que não seja também colorida demais, louvatória, com tons propagandísticos. O objetivo final é contribuir para o debate sobre as formas de organização social voltadas para os processos de mudança e transformação social, destacando os processos de justiça social, emancipação e autonomia dos sujeitos em cena; revelando também o seu oposto, processos regulatórios, de controle social dominador, negativo – aquele que não emancipa, oprime.

O livro está organizado em duas partes. A primeira faz um estudo da conjuntura onde se inserem os movimentos e as formas de mobilização em redes, destacando categorias que têm sido utilizadas para a análise dessas mobilizações. A segunda recorta formas de expressão daquele associativismo – os movimentos sociais, associações civis e fóruns (nacionais ou transnacionais que articulam redes de movimentos sociais), organizando-os em dez eixos temáticos para a análise.

Os dados apresentados e os exemplos selecionados advêm da pesquisa *O protagonismo da sociedade civil*, que tem o apoio do CNPq. O formato inicial deste livro foi delineado no meu *paper Mapa da rede de instituições e ativos institucionais – As redes de movimentos sociais, ONGs, fóruns e conselhos*, fruto de um trabalho de assessoria ao Projeto Estudo para Subsidiar a Abordagem da Dimensão Territorial do Desenvolvimento Nacional no Plano Plurianual – 2008-2011, coordenado pelo Prof. Carlos Brandão do Instituto Economia da Unicamp.

Na realidade, as análises aqui apresentadas condensam leituras e reflexões de quatro décadas de pesquisa e publicações sobre os movimentos sociais. Em algumas delas, concentramos as análises nos aspectos teóricos dos movimentos sociais (GOHN, 1997, 2008). Neste livro, estes aspectos estão implícitos no olhar que focalizou a cena e fez seu retrato. Às vezes ele aparece com força e vigor, para explicitar categorias analíticas ou a realidade escamoteada. Outras vezes, ele fica sob uma névoa densa que apenas orienta a direção da leitura da realidade projetada na análise.

Este trabalho é o 15º livro de autoria individual que publicamos. Nesta caminhada, sempre procuramos acompanhar as mudanças – na sociedade, na conjuntura política, nos movimentos sociais e nas formas de interpretá-los. Observamos, vivemos ou constatamos mudanças nas conjunturas, nos paradigmas explicativos, nos modos e formas de expressão dos movimentos, nos posicionamentos de intelectuais, políticos e lideranças da sociedade. Fazemos este acompanhamento a partir de um olhar crítico, sempre buscando os sinais indicativos de processos emancipatórios e de justiça social. Trata-se de uma trajetória na qual não mudamos de lado, embora muitas vezes tivemos de atravessar o rio para conhecer o outro, o diferente, a exemplo de Che no *Diários de Motocicleta*. Mas estamos na mesma margem do rio que abriga os que lutam pela justiça e não perderam a esperança. Aprendemos com Heráclito que as águas que correm neste rio estão sempre mudando, são sempre diferentes, mas é o mesmo rio, como são os nossos princípios.

Concluo esta apresentação com sinceros agradecimentos ao CNPq pelo apoio à pesquisa e a Lídio Peretti, editor da Vozes, por mais esta acolhida.

Introdução

Neste novo século novíssimos sujeitos sociopolíticos e culturais entraram em cena, como os movimentos sociais globais, anti ou alterglobalização, movimentos transnacionais, entidades civis modernas, fóruns, conselhos e câmaras de participação. Várias lutas sociais se internacionalizam rapidamente, novos conflitos sociais eclodiram abrangendo temáticas que vão da biodiversidade e a questão biopoder (cf. NEGRI & COCCO, 2005) às lutas e demandas étnicas, assim como o retorno de lutas religiosas de diferentes seitas e crenças. Na Europa e Estados Unidos um sujeito coletivo passou a dominar o cenário destes conflitos, o imigrante, este pária desterrado que ora é exaltado na história dos países como construtor de uma nação, ora execrado como fonte de problemas sociais e políticos, com seus direitos culturais ignorados ou punidos.

Neste cenário, na América Latina, a retomada das lutas dos indígenas está sendo uma das grandes novidades, no que se refere às ações coletivas de lutas e movimentos sociais. A sociedade fragmentada e polimorfa que se configurou a partir dos anos de 1990, o modelo de associativismo que está se consolidando ao longo dos anos 2000, caracteriza-se pela tendência dos grupos e movimentos sociais organizados de se articularem em redes e criarem fóruns a partir dessas redes. Observa-se que o campo de temas e problemas sociais continua bastante amplo, entrando no universo da cultura, da economia, das relações sociais e políticas, dos valores morais e religiosos etc. Tudo isso tem alterado a forma e as estruturas do associativismo da sociedade civil e suas relações com o Estado.

No Brasil, de um lado, passou a imperar um modismo, que tenta se desvencilhar de imagens movimentalistas dos anos de 1980 e construir novas representações sobre as ações civis, agora tidas como ativas e propositivas, atuando segundo formas modernas de ação coletiva, expressas em discursos como "articular-se em redes como exigência para sobrevivência". De outro lado, à medida que o cenário da questão social se alterou, novíssimos atores/sujeitos sociais entraram em cena na sociedade civil, como as ONGs e as entidades do Terceiro Setor; as políticas sociais públicas ganharam destaque na organização dos grupos sociais. Resulta que a sociedade civil organizada passou a orientar suas ações coletivas e associações por outros eixos – focada menos nos pressupostos ideológicos e políticos – predominantes nos movimentos sociais dos anos de 1970 e 1980, e mais nos vínculos sociais comunitários organizados segundo critérios de cor, raça, idade, gênero, habilidades e capacidades humanas. Dessas articulações surgem as redes sociais e temáticas organizadas segundo gênero, faixas etárias, questões ecológicas e socioambientais, étnicas, raciais, religiosas etc., além dos fóruns, conselhos, câmaras etc., que compõem o novo quadro do associativismo brasileiro.

Nesta conjuntura indaga-se: qual o papel dessas redes associativistas no desenrolar dos processos democráticos, e qual a concepção de democracia que fundamentam suas práticas (como elas se veem e que horizontes projetam para a sociedade). Como essas redes se articulam ao campo sociopolítico e cultural do país? Como nos alerta Touraine, precisamos identificar os sujeitos que estão em discussão neste cenário tão amplo. As atuais formas de associações civis organizadas em redes são compostas por: movimentos sociais, associações comunitárias, ônus, fóruns, conselhos, câmaras, assembleias, etc. Elas podem ser agrupadas em três grandes blocos:

1) Os movimentos e ações de grupos identitários que lutam por direitos: sociais, econômicos, políticos, e, mais recentemente, culturais. São movimentos de segmentos sociais excluídos, usualmente pertencentes às camadas populares (mas não exclusivamente). Pode-se indagar, neste formato, qual o horizonte das lutas das mulheres, dos afrodescendentes, dos índios; dos grupos geracionais (jovens, idosos), grupos portadores de necessidades especiais, grupos de imigrantes sob a perspectiva de direitos, especialmente dos novos direitos culturais – construídos a partir de princípios territoriais (nacionalidade, estado, local – p. ex., na Europa e nos Estados Unidos); e de pertencimentos identitários coletivos (um dado grupo social, língua, raça, religião etc.). Do ponto de vista da democracia, está sendo gerado um novo paradigma emancipatório a partir destas lutas ou não? Ou poderemos estar retrocedendo a formas particularistas de defesa de interesses de grupos?

2) Movimentos e organizações de luta por melhores condições de vida e de trabalho, no urbano e no rural, que demandam acesso e condições para – terra, moradia, alimentação, saúde, transportes, lazer, emprego, salário etc. Quais são as concepções que fundamentam estes movimentos e qual o horizonte e a perspectiva de sociedade que eles almejam, especialmente os de natureza e composição popular?

3) Os movimentos globais ou globalizantes como o Fórum Social Mundial (cf. MUÑOZ, 2008). São lutas que atuam em redes sociopolíticas e culturais, via fóruns, plenárias, colegiados, conselhos etc. Estas lutas são também responsá-

veis pela articulação e globalização de muitos movimentos sociais locais, regionais, nacionais ou transnacionais. Na realidade, esta forma de movimento constitui a grande novidade deste novo milênio. Indaga-se: qual o horizonte de movimentos como o Fórum Social Mundial? Como estas redes se cruzam e entrecruzam com os movimentos de identidade coletiva (1º formato) e com movimentos sociais populares: urbanos e rurais (2º formato) na América Latina e especialmente, no Brasil?

Segundo Jacobi e Monteiro (2007),

> os motivos que permitem o avanço do que se convencionou chamar de movimentos sociais transnacionais organizados em redes estão associados às mudanças organizacionais, políticas e tecnológicas, o que pode ser observado pela perda da capacidade dos Estados nacionais em restringir e estruturar ação coletiva, pelo surgimento de uma rede de comunicações global e pelas oportunidades políticas nacionais que ampliam as questões ao nível das oportunidades transnacionais. Observa-se uma crescente globalização não só das agendas de muitos movimentos, mas também das formas de luta, notadamente a partir da incorporação das novas tecnologias da informação. Isto possibilita a formação de *networks* locais, nacionais e transnacionais (JACOBI, 2007: 316-317).

■ Parte I
Redes de mobilizações no Brasil contemporâneo
A conjuntura e as categorias que se destacam

A primeira parte deste livro se inicia destacando cinco pontos fundamentais no redesenho dos movimentos sociais no contexto sociopolítico, econômico e cultural dos países da América Latina. A seguir pontua elementos sobre as categorias básicas utilizadas no campo associativo atual destacando a categoria das redes sociais. Finalmente, chega-se ao objetivo central do livro: um mapeamento e análise das principais formas de associativismo civil no Brasil expressas em movimentos sociais, redes de mobilização de associações civis e fóruns. O contexto atual dos principais movimentos sociais da América Latina é um dos panos de fundo do cenário para discutir suas formas, demandas, identidade que constroem, redes que as estruturam, manifestações culturais e políticas sociais a que se articulam. Neste cenário poderemos observar o caráter educativo dos movimentos, seu papel na cena pública relativo ao tema da inclusão social, a cultura política e suas manifestações na área da Educação – formal e não formal.

Os pontos relevantes que diferenciam os movimentos na atualidade, em relação a outros momentos do passado, são:

1) A necessidade de qualificação do tipo de ação coletiva que tem sido caracterizado como movimento social. Defini-

ções já clássicas sobre os movimentos sociais citam suas características básicas como: possuem uma identidade, têm um opositor e articulam ou se fundamentam num projeto de vida e de sociedade (TOURAINE, 1973). Historicamente se observa que eles têm contribuído para organizar e conscientizar a sociedade; apresenta conjuntos de demandas via práticas de pressão/mobilização; têm uma certa continuidade e permanência. Eles não são apenas reativos, movidos só pelas necessidades (fome ou qualquer forma de opressão), pois podem surgir e se desenvolver também a partir de uma reflexão sobre sua própria experiência. Na atualidade, muitos deles apresentam um ideário civilizatório que coloca como horizonte a construção de uma sociedade democrática suas ações são pela sustentabilidade e não apenas autodesenvolvimento. Lutam por novas culturas políticas de inclusão, contra a exclusão. Questões como a diferença e a multiculturalidade têm sido incorporadas para a construção da própria identidade dos movimentos. Lutam pelo reconhecimento da diversidade cultural. Há neles, na atualidade, uma ressignificação dos ideais clássicos de igualdade, fraternidade e liberdade. A igualdade é ressignificada com a tematização da justiça social; a fraternidade se retraduz em solidariedade; e a liberdade associa-se ao princípio da autonomia – da constituição do sujeito, não individual, mas coletivo; autonomia entendida como inserção e inclusão social na sociedade, com autodeterminação, com soberania. Os movimentos sociais sempre têm um caráter educativo e de aprendizagem para seus protagonistas. Finalmente, os movimentos sociais na atualidade tematizam e redefinem a esfera pública, realizam parcerias com outras entidades da sociedade civil e política, têm grande poder de controle social e constroem modelos de inovações sociais, podendo portanto virem a ser matriz geradora de saberes.

2) Na atualidade, os movimentos sociais são distintos tanto daqueles que levaram à sua emergência na cena pública no século XIX e nas primeiras décadas do século XX (movimento operário e movimentos revolucionários desde a Revolução Francesa) como dos movimentos que emergiram nos Estados Unidos nos anos 1960 (direitos civis, feminismo, contra a Guerra do Vietnã, estudantil etc.). Na América Latina, especialmente no Brasil, os atuais movimentos sociais são distintos dos movimentos que ocorreram na fase do regime político populista. São diferentes também dos movimentos ocorridos do final da década de 1970 e parte dos anos de 1980 (movimentos populares reivindicatórios de melhorias urbanas articulados com pastorais, grupos políticos de oposição ao regime militar etc.), embora muitos dos atuais movimentos sejam herdeiros daqueles dos anos 1980. Naquela década, os movimentos lutavam para ter "direito a ter direitos". Como só podemos falar em direitos se contemplamos o universal, aqueles movimentos não estavam autocentrados, não miravam apenas a si próprios. Embora não tivessem ainda a circulação e espaço nacionais e transnacionais que se têm hoje, eles não eram voltados apenas para si próprios, olhavam para o outro, até para poderem construir a própria identidade, no efeito do espelho, como diria Lacan, miravam-se no(s) outro(s).

O novo milênio apresenta uma conjuntura social e política extremamente contraditória na América Latina. Ao mesmo tempo em que vários movimentos sociais tiveram, em diversos países, mais condições de organização tanto interna como externa, dado o ambiente político reinante, em outros, eles perderam muito sua força política por diferentes razões. Esses movimentos sociais são extremamente diferenciados segundo o tipo e grau de organização, demandas, articulações, projeto político, trajetória histórica, experiências vivenciadas principalmente no plano político-organizativo, e abrangência territorial (cf. SEOANE, 2003; IBARRA & GRAU, 2008). Em alguns países da região houve uma radicalização do processo democrático e o ressurgimento de lutas sociais tidas como tradicionais, a exemplo de movimentos étnicos (especialmente dos indígenas) na Bolívia e no Equador, associados ou não a movimentos nacionalistas como o dos bolivarianos (Venezuela), e a retomada do movimento popular urbano de bairros no México, na Argentina e no Uruguai, entre outros (cf. LEVY & GIANATELLI, 2008). Eles eclodiram na cena pública como agentes de novos conflitos e renovação dos movimentos e lutas sociais coletivas, e em alguns casos elegeram como representantes supremos da nação suas lideranças.

Sabe-se que a luta dos indígenas de resistência à colonização europeia/branca é secular. Na atualidade, o elemento novo é a forma e o caráter que estas lutas têm assumido – não apenas de resistência, mas também de luta por direitos: reconhecimento de suas culturas e da própria existência, redistribuição de terras em territórios de seus ancestrais, escolarização na própria língua etc. Deve-se assinalar também que inúmeros territórios indígenas passaram a ser, em vários países, fonte de cobiça devido aos minerais e outras riquezas de seu subsolo, assim como seus cursos d'água, ou meramente por localizarem-se em rotas onde se planejam gasodutos e outras intervenções macroeconômicas, acirrando assim a tensões sociais. No passado, "o civilizador" saqueou os tesouros dos indígenas, escravizando-os em frentes de trabalho para a acumulação da época (da mesma forma que fez com os negros vindos da África), atuando de forma devastadora em seus territórios. Hoje, os indígenas estão organizados em movimentos sociais, e em muitos países latino-americanos vivem em áreas urbanas, são parte do cenário de pobreza e desigualdade social. Alguns autores chegam a separar o termo movimento social do termo movimento indígena, pois consideram que este último tem uma especificidade e um campo próprio, que não se confunde com outros movimentos sociais.

Outros movimentos que sempre estiveram à sombra e tratados como insurgentes emergem com força organizatória como os piqueteiros na Argentina (VELASCO et al., 2004; CAETANO et al., 2006), cocaleiros na Bolívia (URQUIDI, 2007) e Peru, zapatistas no México. Outros ainda se articulam em redes compostas de movimentos sociais globais como o MST e a Via Campesina e passam a ser discriminados e criminalizados pela mídia e alguns órgãos públicos. Fóruns globais articulam vários destes movimentos em megaeventos, como o Fórum Social Mundial. O movimento ambientalista politiza-se em algumas regiões, a exemplo da luta contra a instalação de papeleiras no Uruguai, ou se articula com movimentos populares, como na região do Rio São Francisco, no Brasil, assim como o movimento contra a construção de barragens, em várias partes do Brasil.

O movimento negro, ou afrodescendentes como preferem alguns, avançou em suas pautas de luta, a exemplo do Brasil com a política de cotas nas universidades, programas Prouni etc., com bastante suporte das políticas públicas. Ancorados também em processos de luta por direitos e construção de identidades destacam-se os movimentos das mulheres e dos gays, em diferentes formatos e combinações.

Nesta breve lista de movimentos sociais na América Latina na atualidade, registre-se ainda a retomada do movimento dos estudantes, especialmente no Chile com a Revolta dos Pinguins (ZIBAS, 2008), e as ocupações em universidades no Brasil, especialmente as públicas, em luta pela melhoria da qualidade de ensino, contra reformas na educação e contra atos de corrupção e desvio de verbas públicas. Aliás, não são apenas os estudantes que têm se mobilizado. A área da educação, especialmente a educação na escola básica, tem sido a fonte de protestos de grandes dimensões, a exemplo do México, em 2006 na região de Oaxaca. Devemos destacar também que a área da educação, devido ao potencial dos processos educativos e pedagógicos para o desenvolvimento de formas de sociabilidade e constituição e ampliação de uma cultura política, passou a ser uma área estratégica também para os movimentos populares, a exemplo do MST.

Para concluir acrescente-se à lista as inúmeras ações de associações civis e redes cidadãs. Muitas delas se apresentam como movimentos sociais de fiscalização e controle das políticas públicas, atuando em Fóruns, conselhos, câmaras, consórcios etc. em escala local, regional e nacional, principalmente no Brasil e na Colômbia. Trata-se de funções de caráter político, pois representam segmentos sociais. O'Donnel (1998) denominou este processo de *accountability vertical*. Teoricamente, pode-se denominar estes processos de democracia deliberativa, parte da construção de uma cultura política republicana. Entretanto, o contexto e a forma como ocorre esta participação, tanto em termos de sua normatização (criação de Oscips e OSs), como em termos da composição das forças políticas que as sustentam, como ainda em termos ainda das reformas e do papel do estado na atualidade, tem contribuído para o engessamento destas associações, solapado sua autonomia e possível capacidade de inovação (cf. TEIXEIRA, 2008). Com isso passamos ao terceiro ponto de destaque.

3) As alterações do papel do Estado em suas relações com a sociedade civil e em seu próprio interior. As novas políticas sociais do Estado globalizado priorizam processos de inclusão social de setores e camadas tidas como "vulneráveis ou excluídas" de condições socioeconômicas ou direitos culturais (índios, afrodescendentes etc.). Este papel é realizado de

orma contraditória. Captura-se o sujeito político e cultural la sociedade civil, antes organizado em movimentos e ações oletivas de protestos, agora parcialmente mobilizados por olíticas sociais institucionalizadas. Transformam-se as idenidades políticas destes sujeitos – construídas em processos le lutas contra diferenciações e discriminações socioeconônicas – em políticas de identidades, pré-estruturadas segunlo modelos articulados pelas políticas públicas, arquitetados controlados por secretarias de Estado, em parceria com oranizações civis – tipo organizações não governamentais ONGs), que desempenham o papel de mediadores. Criam-se, ortanto, novos sujeitos sociopolíticos em cena, demarcalos por laços de pertencimento territorial, étnico, de gênero tc., como partes de uma estrutura social amorfa e apolítica. A inversão da ordem dos termos: identidade política para olítica de identidade, muda radicalmente o sentido e o sigificado da ação social coletiva dos movimentos sociais. Diso resulta que se deslocam os eixos de coordenação das ações oletivas – da sociedade civil para a sociedade política, dos airros e organizações populares para os gabinetes e secrearias do poder estatal, principalmente no plano federal. A limensão política – entendida como o espaço possível de onstrução histórica, de análise da tensão existente entre os liferentes sujeitos e agentes sociopolíticos em cena – desaarece da ação coletiva justamente por ser capturada por esruturas políticas – de cima para baixo, na busca de coesão e le controle do social. Ocorreram, portanto, alterações no entido e no formato das mobilizações – porque muitas deas têm sido estimuladas de cima para baixo. Criaram-se ambém formas de neocomunitarismo que, nos dizeres de ouraine, submetem o indivíduo a crenças e práticas e imõem sua participação numa dada comunidade, em busca da econstrução de uma ordem social (TOURAINE, 2007b:

75). Estas formas convivem com alguns dos movimentos so ciais das décadas passadas – ou com o que sobrou deles.

A grande mudança observada nos estudos sobre as políti cas de parceria do Estado com a sociedade civil organizad, está na direção do foco central da análise: do agente para a de manda a ser atendida. Reconhecem-se as carências e busca-s, superá-las de forma holística. Olhares multifocais que con templam raça, etnia, gênero, idade etc. passam a ser privilegia dos. O sujeito coletivo se dilacera, fragmenta-se em múltiplo campos isolados. Sozinhos, estes múltiplos sujeitos não têm força coletiva, e o ponto de convergência entre eles é o pró prio Estado. A interação do Estado por meio da ação de seu governos se faz mediante uma retórica que retira dos movi mentos a ação propriamente dita (cf. tb. BURITY, 2006). El se transforma em execução de tarefas programadas, tarefa que serão monitoradas e avaliadas para que possam continua a existir. A institucionalização das ações coletivas impera, n, sentido já assinalado, como regulação normativa, com regra e espaços demarcados e não como um campo relacional de re conhecimento. A possibilidade da emancipação fica confina da aos espaços de resistência existentes. Há uma disputa n, processo de construção da democracia, em seu sentido inte grador *versus* emancipador (cf. tb. DAGNINO; OLVERA & PANFICHI, 2006). Resta o consolo de que, a médio ou lon go prazo, isto poderá gerar aprendizado sociopolítico para o movimentos sociais e contribuir para a construção de valores vindo a desenvolver uma cultura política alternativa ao qu, está posto. Concordamos com Bourdieu quando afirmou:

> A história social ensina que não existe política so, cial sem um movimento social capaz de impô-la, que não é o mercado, como se tenta convencer hoj, em dia, mas sim o movimento social que "civilizou a economia de mercado, contribuindo ao mesm,

tempo enormemente para sua eficiência. [Os movimentos sociais] criam ou recriam formas de ação originais, em seus fins e seus meios, de forte conteúdo simbólico. Orientam-se para objetivos precisos, concretos e importantes para a vida social [...]. Exaltam a solidariedade, que é o princípio tácito da maioria de suas lutas, além de se esforçarem para exercê-la tanto por sua ação (encarregando-se de todos os "sem-") como pela forma de organização de que são dotados (BOURDIEU, 2001: 19-65).

As políticas sociais têm feito recortes no campo social, destacam os pobres e, entre esses, os miseráveis, os mais excluídos e e/ou em situação de risco. Tudo isso exacerbou os conflitos porque a pobreza deixou de ser uma categoria una e passou a ser subdividida. As políticas de atenção passaram a ser dirigidas aos mais pobres; a unidade de atendimento passou a ser o indivíduo ou a família, e não mais grupos sociais que demandavam, casas por exemplo. A unidade e a força da mobilização em termos de direitos sociais e políticos enfraqueceram-se, as novas políticas ao enfatizarem o lado dos deveres do cidadão, usualmente os reduzem a um cidadão cliente, consumidor de um serviço público.

O novo cenário das políticas públicas cria um deslocamento na questão da desigualdade – de econômica, com ênfase na renda, passa a ser efetivamente social, com ênfase nas características sociais e culturais dos grupos sociais. Ocorre ainda dois outros deslocamentos: da questão da desigualdade para a questão das diferenças e da igualdade para a equidade. O tratamento das desigualdades deve ter como horizonte a igualdade. Como isto é muito difícil numa sociedade tão desigual como a brasileira, desloca-se o foco para outro tema: o das diferenças. *Desigualdade* não é o mesmo que *diferença*. A diferença reflete a diversidade da espécie e de suas formas de organização política e de expressão cultural. A diferença, que pode ser bem-vinda, difere assim da desigualdade, que certamente nunca deve ser sequer tolerada. A equidade é a disposição de reconhecer igualmente o direito de cada um (*Dicionário Aurélio*), que é outra coisa que dizer – o direito de todos serem iguais. A equidade é

> entendida como um princípio que rege funções distributivas, compensatórias, consideradas histórica e socialmente justas [...]. O conceito de equidade surge como que para aparar os efeitos nocivos da desigualdade social, uma estratégia de inclusão, de democratização da esfera pública, ou seja, comporta em si mesma o estabelecimento de critérios normativos que permitiriam atenuar os resultados/e ou a diminuição dos efeitos da não inclusão social, ampliando o espectro de participação social pela possibilidade de redistribuição. Enquanto dimensão igualitária e cívica, as medidas vinculadas ao entendimento de equidade (universalista e neoliberal) deveriam permitir a diminuição das tensões sociais, propiciando medidas de justiça social (TELES, 2006: 217-219).

Resulta deste cenário, neste novo milênio, que as muitas ações coletivas que são movimentos sociais de fato tiveram que alterar suas práticas e reivindicações para não ficar à margem da história, atuando segundo certas condicionalidades pautadas pela nova institucionalidade criada pelas políticas públicas – em casos raros, partiram para ações de resistência via desobediência civil. Mas, infelizmente, em muitos outros casos, retrocederam em sua forma de atuar, para as antigas formas clientelistas, confundido sua esfera de atuação com a esfera pública governamental, pelo fato de apoiarem este ou aquele político, partido ou dirigentes de plantão no poder. Com isso, o clientelismo e as trocas de apoio voltam à cena, assim como manifestações públicas arquitetadas para defender uma pseudovontade geral, quando na realidade estão se defendendo interesses de segmentos particulares.

4) Novo cenário, as relações desenvolvidas entre os diferentes sujeitos sociopolíticos presentes na cena pública alteraram-se neste milênio. Além da ampliação dos sujeitos protagonistas de ações coletivas, ocorreram alterações no formato das mobilizações e na forma de atuação – agora em redes. Isso resulta também do alargamento das fronteiras dos conflitos e tensões sociais em virtude da nova geopolítica que a globalização econômica e cultural tem gerado. Pode-se citar nestas mudanças: a difusão do uso das novas tecnologias e a expansão dos meios de comunicação, os conflitos étnicos provocados pelos processos imigratórios e pelos deslocamentos migratórios no interior das nações, as citadas novas políticas sociais de caráter compensatório dos governos – central e local –, as demandas multi e interculturais, refletindo na conjuntura sociopolítica em que atuam os movimentos, no associativismo existente etc. Cumpre registrar também que as problemáticas que dão suporte às demandas dos movimentos não se circunscrevem apenas ao tema trabalho, condições de moradia e habitabilidade na cidade e no campo; ou justiça, reconhecimento e reparação de identidades socioculturais. Questões básicas que dão suporte à expansão do capitalismo, em termos de infraestrutura, tais como água, energia, certos minerais etc. passam a ser fonte de conflitos entre a população, principalmente ribeirinhos ou indígenas (que lutam pelos seus territórios por serem locais de vida e trabalho/sustento, e agentes econômicos interessados naqueles territórios e seus bens, como fontes de energia, ou para expandir matrizes

energéticas sobre seu domínio, como os gasodutos, a exemplo dos conflitos pela água em Cochabamba, na Bolívia, em 2000; o bloqueio dos aymarás no Peru (LIMA, 2000/2001); a questão do gás, também na Bolívia, nas negociações com o Brasil, entre 2003-2005. Ainda no Brasil, os conflitos de terras em zonas indígenas, na floresta amazônica, ou com populações caboclas da região, se acirraram depois do novo *boom* e furor para a plantação de cana para a produção do álcool, tido como nova alternativa energética para o consumo.

Em síntese: ações coletivas geradas por movimentos sociais do tipo MST, Via Campesina ou movimentos indígenas têm outro sentido e fundamentos neste novo milênio, além das já clássicas questões pelas quais estes movimentos foram criados. Estes movimentos têm chamado a atenção, no plano global, para a região latino-americana, principalmente após a eleição de alguns líderes para postos-chave de governo, a exemplo da Bolívia.

5) Grandes lacunas permanecem na produção acadêmica a respeito dos movimentos sociais, embora elas tenham estado presentes na literatura há algum tempo e alimentado o debate a respeito. Essas lacunas são:

1) o próprio conceito de movimento social;

2) o que os qualifica como novos;

3) o que os distingue de outras ações coletivas ou de algumas organizações sociais como as ONGs;

4) o que ocorre de fato quando uma ação coletiva expressa num movimento social se institucionaliza;

5) qual o papel dos movimentos sociais neste novo século;

6) como podemos diferenciar um movimento social criado a partir da sociedade civil, por lideranças e demandatá-

rios, de ações civis organizadas ao redor de projetos de mobilização social e que também se autodenominam movimentos;

7) quais as teorias que realmente têm sido construídas para explicá-los.

A não explicitação das diferenças históricas e teóricas tem dado margem para equívocos em algumas pesquisas sobre as ações coletivas na realidade brasileira atual. Ao invés de explicitarem as teorias que estão em tela, e as que se buscam contestar, preferem negar a existência dos sujeitos concretos da realidade, fazendo-se escolhas, nomeando a ala que não é selecionada como algo do passado (movimentos e associativismo, no caso). No Brasil, nem os movimentos sociais ou o associativismo morreram (mudaram sim, segundo a nova conjuntura econômica e política); e nem os novos "ativistas/mobilizadores" dominam completamente a cena da sociedade civil organizada (embora sejam hegemônicos na atualidade).

Os novos ativistas são mobilizados para participarem de ações sociais, estruturadas por agentes do chamado Terceiro Setor, ou por agências governamentais, via políticas públicas indutoras da organização popular, como nos conselhos gestores; ou mobilizados pelos fóruns temáticos nacionais, regionais ou internacionais onde a presença de antigos e novos movimentos sociais é corrente. Temos de reconhecer que as duas formas existem na atualidade e muitas vezes se entrecruzam – os movimentos e as redes de mobilizações ou organizações cívicas de ativistas mobilizados em função de projetos sociais pontuais. Os dados empíricos indicam-nos que essas duas modalidades continuarão a existir por muito tempo. São duas formas de protagonismo civil que atuam segundo polos diferenciados da ação sócia – uma trabalha o campo do conflito e a outra o campo da cooperação e integração social. Há tensões permanentes nas duas frentes. A solidariedade existe na duas, de forma diferente: nos movimentos é orgânica – criad por meio da experiência compartilhada de pertencer e viven ciar alguma situação de exclusão. Nas organizações cívicas el é estratégica/instrumental, criada para atingir metas que re solvam problemas sociais de grupos também excluídos eco nomicamente ou culturalmente, a partir de interesses deste grupos, mas que foram desenhados por projeto/programa d agentes externos. Segundo Domingues (2007), a mobilizaçã social fortalece a democracia na América Latina. Em entrevis ta à *Folha de S. Paulo* ele afirma que "a tendência é uma mobi lização cidadã, ao lado do processo de institucionalização d democracia" (*Folha de S. Paulo*, 30/12/2007, p. A18).

A categoria movimento social tem sido substituída, n abordagem de vários analistas, pela de mobilização social, qu também gera uma sigla M.S., voltada para a ação coletiva qu busca resolver problemas sociais, diretamente, via a mobili zação e engajamento de pessoas (cf. TORO, 2006). Nesta abordagens a dimensão do político é esquecida ou negada substituída por um tipo de participação, construída-induzida E a dimensão do político é o espaço possível de construçã histórica, de análise da tensão existente entre os diferentes su jeitos e agentes sociopolíticos em cena.

Antes de iniciarmos o mapeamento temático das lutas movimentos sociais na atualidade, no Brasil, apresentamo um breve comentário sobre as principais categorias teóricas que têm sido utilizadas nos estudos atuais sobre os movimen tos sociais, destacando-se a categoria rede, parte do títul desta publicação.

Categorias de análise: redes e mobilização social

Sabemos que novas categorias de análise ganharam cen tralidade nas ciências sociais a partir dos anos de 1990 tais como mundialização, planetarização, sistema-mundo, sociedade mundial e sociedade dos indivíduos, processos de exclusão e inclusão social etc. As categorias de análise também se alteram no quadro das teorias dos movimentos sociais. Justiça social, igualdade, cidadania, emancipação, identidade, direitos etc. passam a ser tratadas ou substituídas por outras categorias, como capital social, inclusão social, reconhecimento social, empoderamento da comunidade, autoestima, hibridismo, responsabilidade social, sustentabilidade, vínculos e laços sociais etc. A questão da emancipação social persistiu, mas restrita a alguns teóricos. Território passou a ser uma categoria ressignificada e uma das mais utilizadas para explicar as ações localizadas, mas é uma nova concepção de território – distante da geografia tradicional que a confundia com espaço físico. Território passa a se articular à questão dos direitos e das disputas pelos bens econômicos, de um lado, e, de outro, pelo pertencimento ou pelas raízes culturais de um povo ou etnia. Tudo isto porque, com a globalização, ocorre a desnacionalização, e outros atores, além do antigo Estado-nação, participam da disputa pelos territórios. As novas tecnologias digitais também entram como fator de mediação para a apropriação de direitos e autoridade sobre eles (cf. SASSEN, 2006). Território agora passa a ser visto também sob a ótica de um ativo sociofinanceiro, porque é fruto de um conjunto de condições, predominando o tipo de relações sociais e produtivas que são desenvolvidas onde ele se localiza. Classe social, raça, etnia, grupos religiosos, recursos e infraestrutura passam a ser indicadores para a análise de um território e seus conflitos. Territórios com pilares de sustentação criados a partir da diversificação da estrutura produtiva local, e com uma desconcentração desta base produtiva, tornam mais flexíveis as adaptações necessárias às mudanças exteriores, assim como o desenvolvimento de políticas de mobilização social, necessárias às novas políticas de inclusão social. Inclusão social substitui a categoria exclusão como objeto de estudos e pesquisas, num movimento contraditório que acompanha a ênfase nas novas políticas sociais. Se antes o entendimento da exclusão/inclusão era tratado como uma polaridade, inerente ao capital, na atualidade é visto como dado a ser administrado tecnicamente ou gerido pelas práticas de assistência.

Outra categoria que passa por profunda transformação é a da política. Antes vista como processo de construção da cidadania, parte integrante da vida democrática, agora se transforma na arte da negociação. Segundo Cruz (2009) "a política passa a ser tratada como campo da gestão, dos procedimentos e da regularidade institucional. Acaba se transformando na não política", e com isto se perde de vista a discussão sobre seus propósitos, bem como a possibilidade de intervenção sobre eles. Observa-se uma laboriosa construção do esquecimento da própria origem da política, como se ela viesse de nenhum lugar e fosse destituída de qualquer fundamento. Recorrendo a Arendt e Rancière, Cruz nos lembra: "O esquecimento da política é a privatização da vida – o esquecimento da coisa pública em proveito do privado – é o preço que se paga com a progressiva destruição do espaço público e da dimensão pública das instituições" (ARENDT, 2001). Dessa forma, a sociedade civil, em sua heterogeneidade organizacional perdeu o sentido e o campo de crítica, e emerge apenas como cooperação em que cabe todo o tipo de associações civis, entendidas como organizações privadas para a ação pública. Com efeito, tal metamorfose efetiva a despolitização das relações entre a sociedade e o Estado já que o conflito desaparece da cena pública. Nota-se que as restrições à democracia participativa não decorrem apenas dos limites interpostos à participação política, mas em grande parte pela redução dos temas de deliberação na cena pública. A participação política é confundida com o consenso e a política deixa de ser "a reivindicação da parte dos que não têm parte a uma intervenção de expedientes" (RANCIÈRE, 1996).

A categoria *mobilização social*, em décadas anteriores, sempre esteve subordinada a outras categorias maiores na análise do social, tais como processo, mudança etc. Neste novo século ela ganha vida, significado e dinâmica própria. Identidade foi outra categoria redefinida. Em textos das duas últimas décadas do século passado, era comum encontrarmos identidade definida de acordo com o posicionamento dos membros de um grupo social, em relação ao antagonismo entre capital e trabalho; ou de acordo com a renda e *status* adquiridos, geradores de representações coletivas aceitas socialmente. Atualmente a identidade tem sido tratada, por analistas e pelos formuladores de políticas públicas, como uma ferramenta em construção. Não se trata da identidade construída na trajetória de um movimento, mas de uma identidade modelada, outorgada, na qual determinados sujeitos sociopolíticos e culturais são mobilizados para serem incluídos. Foge-se do modelo da identidade construída a partir de uma teoria do espelho, similar à que Lacan observou na construção dos processos de subjetividade. Os indivíduos apropriam-se de sua imagem no outro – que lhe serve como espelho. Uma vez refletida, a identidade vai sendo construída.

Acreditamos que um movimento social com certa permanência é aquele que cria sua própria identidade a partir de suas necessidades e seus desejos, tomando referentes com os quais se identifica, outros igualmente carentes, excluídos ou sem direitos, reconhecimentos ou pertencimentos. Um movimento social não assume ou "veste" uma identidade pré-construída apenas porque tem uma etnia, um gênero ou uma idade. Este ato configura uma política de identidade e não uma identidade política. O reconhecimento da identidade política se faz no processo de luta, perante a sociedade civil e política;

não se trata de um reconhecimento outorgado, doado, uma inclusão de cima para baixo. O reconhecimento jurídico, a construção formal de um direito, para que tenha legitimidade, deve ser uma resposta do Estado à demanda organizada. Deve-se tratar a questão da identidade em termos de um campo relacional, de disputas e tensões, um processo de reconhecimento da institucionalidade da ação, e não como um processo de institucionalização da ação coletiva, de forma normativa, com regras e enquadramentos, como temos observado nas políticas públicas no Brasil na atualidade. Estas considerações são fundamentais para diferenciar os movimentos sociais das redes de mobilizações estimuladas pelas atuais políticas de parcerias.

Rede social passa a ter, na atualidade, para vários pesquisadores, um papel até mais importante do que o movimento social. Sabemos que rede é uma categoria muito utilizada, com diferentes sentidos, constituindo-se até em certo modismo. Ela é importante na análise das relações sociais de um dado território ou comunidade de significados porque permite a leitura e a tradução da diversidade sociocultural e política existentes nessas relações. Sem cair em visões totalizadoras da unicidade, ela tem certa permanência e realiza a articulação da multiplicidade do diverso, tanto em períodos de fortes fluxos das demandas como nos de refluxos. Nas ciências exatas a ideia de redes é muito antiga, constitui-se em suporte de alguns conceitos-chave para algumas áreas da ciência, como a física. Nas ciências humanas e biológicas a ideia de rede também não é nova – já nos anos de 1920 do século passado foi tratada na análise dos ciclos da vida, das teias alimentares etc. Na atualidade, apresenta novidades como na biologia molecular, por exemplo. Na administração as redes têm sido utilizadas como instrumento auxiliar para elaboração de fluxogramas, avaliação de desempenho etc. As redes também têm sido analisadas na área de interação entre empresas e organizações, num ambiente institucional, em que se destacam as vantagens de uma organização em rede, em contraposição a uma organização hierárquica. No setor de gestão e planejamento, o conceito de rede está associado a um processo de "desconcentração de meios de ação de uma organização e como resultado do processo de agregação de várias organizações em torno de um interesse comum (FISHER, 2008).

Nas ciências sociais, o uso de redes sociais também é antigo, mas foi revigorado nos últimos tempos como instrumento de análise e articulação de políticas sociais a exemplo dos estudos de Marques (2003, 2007), Lavalle et al. (2006), Brinzel e Falero (2008), ou redes de mobilizações e movimentos sociais na sociologia, tais como em Villasante (2002), Cohen (2003), Fontes (2006); Laniado e Baiardi (2006) e Scherer-Warren (1993, 1999, 2007, 2009). Esta última vê nas redes uma possibilidade de retratar a sociedade civil, captando uma integração de diversidades. Na Antropologia a ideia de rede vem também desde seus primórdios (CALLON, 1995), com as redes primárias e secundárias ao classificarem as relações sociais entre os indivíduos. Caillé (2002) e Martins (2004), seguindo o paradigma da dádiva, do dom e das reciprocidades – construído ao redor da figura de Marcel Mauss, situam as redes como produtoras de individualidade, comunidades e conjuntos sociais de trocas. Degenne (1999) vê as redes como um conjunto de métodos para o estudo das estruturas sociais, sendo que as unidades de interação são básicas para o entendimento dos relacionamentos e seus vínculos sociais. A Geografia, há várias décadas, fala das redes urbanas nas cidades. Atualmente, com a ressignificação do conceito de território, passou-se a falar de redes territoriais que transpõem as fronteiras da nação. São as redes transnacionais, tratadas entre outros por Tarrow (2005).

Barnes (1987) definiu rede como o conjunto das relações interpessoais concretas que vinculam indivíduos a outros indivíduos, num dado campo social – composto, por exemplo por uma série de atividades, eventos, atitudes, registros orais e escritos etc. Mas foi Castells (1999, 2001, 2008) quem a inscreveu no cenário das ferramentas metodológicas contemporâneas ao tratar a sociedade globalizada como uma rede, e as estruturas sociais construídas a partir de redes como sistemas abertos, dinâmicos, suscetível de inovações.

Jean Cohen (2003) se preocupará com o formato das redes para caracterizar o seu potencial. Ela estabelece níveis na análise deste formato, classificando-as em: organizacional, narrativas, doutrinal, tecnológica e social. Seguindo a tendência de resgate de abordagens clássicas do interacionismo simbólico, Cohen enfatiza o papel dos vínculos sociais e pessoais nas redes para este empoderamento, assim como a importância das estratégias e métodos utilizados e seus princípios e doutrinas, sua história e os meios de comunicação que utiliza.

A categoria rede incorpora também várias outras subcategorias similares, como apoio de análise, mas que assumem sentidos diversos conforme a teoria/paradigma que as articulam. Assim temos: circulação, fluxo, troca, intercâmbio de informações, compartilhamento, intensidade, extensão, colaboração, aprendizagem, inovações, diversidade de articulação, pluralismo organizacional, ação direta, institucionalidade, atuação campos cultural e político, descentralização, horizontalidade organizativa, flexibilidade, maior agilidade etc. O uso indiscriminado de termos novos, na busca de "ser moderno", pode estar deixando de lado outras categorias relevantes tais como articulações, processos, relações etc. Este aparente esquecimento ou pseudomodernidade esconde o abandono de paradigmas tidos como "velhos", substituindo-os por novos, que realizam outras leituras e interpretação do social e de político. Para nós, a questão é complexa e diz respeito à luta político-cultural de diferentes grupos sociais, na busca de ressignificação dos conceitos e criação de novas representações e imagens sobre a sociedade. Assim, para alguns, rede substitui a categoria movimento social, para outros é um dos suportes ou ferramentas dos movimentos, e, para outros ainda, a rede é uma construção que atua em outro campo, das práticas civis, sem conotações com a política, onde a ideia de "público participante" substituiu a de militante, ou cria o ativista etc. Em resumo: observa-se que há muitas matrizes teóricas que sustentam a ideia de rede. Na prática, ela caracteriza-se por "articular a heterogeneidade de múltiplos atores coletivos em torno de unidades de referências normativas, relativamente abertas e plurais. Compreendem vários níveis organizacionais" (SCHERER-WARREN, 2009: 515). Estes níveis vão dos agrupamentos de base às lutas políticas mais amplas, transnacionais.

Vários modelos operacionais têm sido aplicados à análise institucional de redes no Brasil. Alguns destes modelos foram construídos no exterior, segundo a lógica da cultura e das relações de trabalho nos países onde foram criados. Os próprios termos e categorias utilizados são nomeados na língua inglesa por não terem tradução para o português ou por simples reflexo colonialista, de aprisionamento ao pensamento construído no exterior. Neste texto procuraremos fugir do pensamento colonizado, que não busca compreender e analisar a nossa realidade e a nossa cultura, que simplesmente aplica modelos construídos a-historicamente. As categorias tempo histórico e localidade (geográfico-espacial ou espacial-virtual ou sociocultural) são indicadores fundamentais. Por isso, antes de mapearmos uma rede, é necessário localizar seu objetivo central no contexto histórico de seu tempo. Ser moderno não é, para nós, aplicar o último recurso ou modelo apresentado no exterior porque agora estamos globalizados. Ser moderno é não ser aprisionado por fórmulas (passadas, presentes ou pretensamente futuras). Concordamos com Nicolas Bourriaud, crítico e curador da Bienal de São Paulo em 2006 quando diz: "No século passado, o futuro era modelo de leitura do presente, hoje, talvez, o passado seja o modelo de leitura. Isto ocorre por conta da padronização do planeta, que apaga a memória, e a melhor forma de lutar contra isso é não voltar ao passado, mas ler o passado no presente, buscar novos itinerários no passado e isso é muito importante" ("Ser moderno no século 21 é olhar para o passado". *Folha de S Paulo*, 16/10/2006). Assim, ao analisar redes de mobilizações e outras categorias se faz um resgate de categorias teóricas do passado, muitas delas originárias das teorias do interacionismo simbólico ou contribuições de L. Wirth, M Mauss, E. Goffman e tantos outros. Mas estas categorias se são úteis para ler o presente, entendê-lo ou buscar sua projeção futura, se contextualizarmos este presente a partir das experiências históricas dos sujeitos coletivos em ação, neste mesmo presente.

No universo das nomenclaturas sobre as redes, alguns autores diferenciam redes associativas movimentalistas (compostas de movimentos sociais) e redes de mobilização civis Eles tendem a separar estas duas correntes em termos históricos – a primeira corresponderia ao passado, principalmente fase de organização dos cidadãos por categoria de trabalhadores, nos sindicatos, ou categorias de moradores, nos movimentos de bairros e outros. Ou seja, reservam o termo movimento social e associativismo para um tempo passado. Para eles, termo mobilização refere-se a um "associacionismo" moderno, criado num cenário de políticas globalizadas, de cidadão participantes nas políticas públicas, onde o termo movimento aparece como resultado de uma ação e não como sujeito principal da mesma.

O que questionamos neste livro é o uso das redes e estruturas associativistas existentes na sociedade civil como meros agentes instrumentais para resolver problemas decorrentes da má distribuição dos serviços sociais públicos, via a participação daqueles agentes em projetos e parcerias públicas, onde não há autonomia ou horizonte mínimo de emancipação aos participantes. Eles são tratados como responsáveis pela solução de problemas aos quais eles têm direito de ter acesso. Acreditamos que a importância da participação da sociedade civil se faz não apenas para ocupar espaços nas novas esferas públicas, antes dominadas por representantes de interesses econômicos, encravados no Estado e seus aparelhos. A importância se faz para democratizar a gestão da coisa pública, para se ter controle social e inverter as prioridades das administrações no sentido de políticas que atendam não apenas às questões emergenciais, mas políticas que contemplem o crescimento econômico com o desenvolvimento autossustentável das populações atendidas, assim como respeitem os direitos dos cidadãos(ãs).

■ Parte II
Mapeando a cena: movimentos sociais e associações civis

Quem são os atores sociais que protagonizam as ações coletivas na sociedade civil? Quais as principais associações e organizações da sociedade civil voltadas para ações coletivas que atuam em função de problemas sociais, econômicos, culturais e ambientais públicos em direção à superação das desigualdades sociais e regional?

As respostas são – as redes associativas e de mobilização estruturadas em movimentos sociais, Organizações Não Governamentais – ONGs, as associações de bairro e as associações comunitárias, as entidades assistenciais, as organizações criadas por empresas a partir de políticas de responsabilidade social ou responsabilidade civil, as organizações populares que atuam junto de mediadores como as entidades articuladoras e fóruns, e os diversos conselhos de gestão pública compartilhada existente. Inicialmente podemos aglutinar este leque diferenciado de atores coletivos em quatro sujeitos sociopolíticos, e eles se articulam nas redes, a saber:

a) Os movimentos sociais – considerados como categorias empíricas (podendo ser localizados territorialmente), ou como categoria conceitual, conforme definiu Melucci (1994) – uma forma de estruturação de relações sociais.

b) As ONGs, entidades assistenciais e entidades do mundo empresarial articuladas pelo chamado Terceiro Setor.

c) Os fóruns, plenárias e articulações nacionais e transnacionais.

d) Conselhos gestores de projetos, programas ou políticas sociais. São ativos sociais pelo papel que desempenham no jogo político democrático.

O conjunto destes sujeitos podem ser agrupados em três grandes blocos: o dos movimentos sociais propriamente ditos, das redes de mobilizações compostas por associações de várias naturezas, incluindo as ONGs e os conselhos institucionalizados que atuam na esfera pública estatal. Deste conjunto, selecionamos neste livro os dois primeiros, a saber:

a) os movimentos sociais;

b) as redes de mobilizações expressas em associações civis, ONGs, fóruns, plenárias e articulações nacionais e transnacionais.

Os conselhos gestores já foram objeto de livro específico (GOHN, 2007b).

Movimentos sociais

Os movimentos sociais constituem-se como um dos sujeitos sociopolíticos presentes no associativismo no Brasil porque eles foram, e ainda são, as bases de muitas ações coletivas no Brasil a partir de 1970. Algumas abordagens modernas que destacam as categorias do capital social de uma comunidade, a partir de ações cívicas, contrapondo-as aos movimentos, esquecem-se que os movimentos geram solidariedade social e coesão, eles impulsionam as pessoas sem auferirem nenhuma renda. Eles mobilizam ideias e valores e geram saberes e aprendizado coletivo; enquanto isso, a maioria das chama das ações cívicas são organizadas de cima para baixo, permanecem autocentradas e autorreferenciadas, limitando-se ao desempenho de uma estratégia de sobrevivência ou uma ação cultural, sem desenvolver, na maioria das vezes, potencial para autonomia e autodesenvolvimento das ações. Como exemplo citamos inúmeras ações e programas organizados com jovens, ao redor do *hip hop*, durante a gestão de algumas prefeituras municipais, ações essas que foram desmontadas pelo fato de a gestão não ter tido continuidade.

Sabemos que os movimentos sociais têm sido considerados, por vários analistas e consultores de organizações internacionais, como elementos e fontes de inovações e mudanças sociais. Existe também um reconhecimento de que eles detêm um saber, decorrentes de suas práticas cotidianas, passíveis de serem apropriados e transformados em força produtiva. Quando se examina, por exemplo, a questão indígena, ressalta-se o saber que eles detêm sobre a floresta. Os movimentos são elementos fundamentais na sociedade moderna (para um quadro mais amplo sobre a definição do que são movimentos sociais ver TOURAINE, 1997; MELUCCI, 1994; GOHN, 2008d).

A presença dos movimentos sociais é uma constante na história política do país, mas ela é cheia de ciclos, com fluxos ascendentes e refluxos (alguns estratégicos, de resistência ou rearticulação em face à nova conjuntura e às novas forças sociopolíticas em ação). O importante a destacar é esse campo de força sociopolítico e o reconhecimento de que suas ações impulsionam mudanças sociais diversas. O repertório de lutas construído por eles demarcam interesses, identidades, subjetividades e projetos de grupos sociais. A partir de 1990, os movimentos sociais deram origem a outras formas de organizações populares, mais institucionalizadas, como os fóruns nacionais de luta pela moradia popular. No caso da habitação e reforma urbana, por exemplo, o próprio Estatuto da Cidade é resultado dessas lutas. O Fórum da Participação Popular e tantos outros fóruns e experiências organizativas locais, regionais, nacionais e até transnacionais estabeleceram práticas, fizeram diagnósticos e criaram agendas, para si próprios, para a sociedade e para o poder público. O Orçamento Participativo – OP, e vários outros programas criados no interior das políticas públicas, surgiram como fruto daquela trajetória.

A partir dos anos de 1990, a nova política de distribuição e gestão dos fundos públicos, em parceria com a sociedade organizada, focalizada não em áreas sociais (como moradia, saúde, educação etc.), mas em projetos pontualizados, como crianças, jovens, mulheres etc., contribuiu para desorganizar as antigas formas dos movimentos com suas demandas e reivindicações. A palavra de ordem dos novos projetos e programas passou a ser: ser propositivo e não apenas reivindicativo, ser ativo e não apenas um passivo reivindicante. Muitos movimentos se transformaram em ONGs ou se incorporaram às que já os apoiavam. A atuação por projetos exige resultados e tem prazos. Criou-se uma nova gramática onde mobilizar deixou uma diretriz para o desenvolvimento de uma consciência crítica, ou para protestar nas ruas. Mobilizar passou a ser sinônimo de arregimentar e organizar a população para participar de programas e projetos sociais, a maioria dos quais já vinha totalmente pronto e atendia a pequenas parcelas da população. Em vários casos, o militante foi se transformando no ativista organizador das clientelas usuárias dos serviços sociais.

Cenário dos movimentos sociais na atualidade brasileira

Dez eixos temáticos foram selecionados neste mapeamento, localizando-os nos territórios onde se encontram[1]. Os movimentos sociais de diversos segmentos da sociedade, e mais especificamente os populares, dada a centralidade e importância destes no contexto geral dos movimentos sociais, serão exemplos básicos de agentes estruturantes das ações coletivas. Na maioria das vezes os eixos temáticos se desdobram em subtemas. Assim, o eixo temático questão urbana se desdobra nos subtemas moradia, violência urbana, prestação de serviços públicos coletivos. Alguns destes subtemas, como serviços públicos, se desdobram em áreas como: educação, saúde, transportes coletivos. A cada uma destas frentes organizatórias de demandas e ações, citaremos alguns dos movimentos sociais mais conhecidos, ou redes de associações civis. Alguns eixos temáticos são ainda pouco pesquisados ou há poucos registros de sua ocorrência. Nestes casos, citaremos apenas as ações coletivas e algumas de suas características, sem desdobrar o tema em subtemas. O cenário atual será descrito em torno dos dez eixos temáticos que envolvem os mo-

---

1. Se pensarmos numa lista de movimentos sociais organizados em 2009, nacionalmente, temos, entre outros: Coalizão Moradia, DF; Liga Brasileira das Lésbicas; MAB – Movimento dos Atingidos por Barragens; MMC – Movimento de Mulheres Camponesas; MNDH – Movimento Nacional de Direitos Humanos; MNMMR – Movimento Nacional Meninos e Meninas de Rua; Movimento Consulta Popular; Movimento dos Catadores de Lixo Reciclável; MPA – Movimento dos Pequenos Agricultores; MST – Movimento dos Trabalhadores Rurais Sem-Terra; MTD – Movimento dos Trabalhadores Desempregados; PJB – Pastoral da Juventude do Brasil; Ubes – União Brasileira dos Estudantes Secundaristas; UNE – União Nacional dos Estudantes; Rede de Educação Cidadã; Vida e Juventude. No âmbito do trabalho sindical destacam-se: CGTB – Central Geral dos Trabalhadores; Contag – Confederação Nacional dos Trabalhadores na Agricultura; CTB – Central dos Trabalhadores e Trabalhadoras do Brasil; CUT – Central Única dos Trabalhadores; Força Sindical; NCST – Nova Central Sindical de Trabalhadores; UGT – União Geral dos Trabalhadores).

vimentos, lutas, ações coletivas de associações e demandas. A ordem de apresentação desses eixos é aleatória e não corresponde, de forma alguma, a uma classificação pela importância, ou ainda maior ou menor projeção. Eles são:

1) Movimentos sociais ao redor da questão urbana;

2) Movimentos em torno da questão do meio ambiente: urbano e rural;

3) Movimentos identitários e culturais: gênero, etnia, gerações;

4) Movimentos de demandas na área do direito;

5) Movimentos ao redor da questão da fome;

6) Mobilizações e movimentos sociais área do trabalho;

7) Movimentos decorrentes de questões religiosas;

8) Mobilizações e movimentos rurais;

9) Movimentos sociais no setor de comunicações;

10) Movimentos sociais globais.

1
Movimentos sociais ao redor da questão urbana

Já no ano 2000, o IBGE registrava que 80% das maiores cidades médias brasileiras registravam núcleos de favelas. Os assentamentos irregulares ou ilegais estavam presentes até em pequenas cidades – 36% das cidades com menos de 20 mil habitantes tinham loteamentos irregulares e 20% tinham favelas. Portanto, as camadas populares brasileiras tiveram suas condições de moradia bastante deterioradas nas últimas duas décadas. E o conjunto de todas as classes sociais teve deteriorada a sua qualidade de vida (ambiente construído, poluição do ar, trânsito etc.) assim como queda na segurança pública nas cidades. Este cenário explica-nos por que a questão social brasileira, neste novo século, está sediada nas grandes cidades e não mais no campo. Os problemas sociais e ambientais levaram a uma retomada dos movimentos sociais urbanos. Eles lutam pela inclusão social e demandam condições de habitabilidade na cidade. Podemos aglutiná-los em três subeixos temáticos, a saber:

1) movimentos sociais nucleados pela questão da moradia;

2) movimentos contra a violência urbana;

3) movimentos sociais em áreas sociais e prestação de serviços públicos: educação, saúde e setor de transportes.

A seguir, examinaremos cada um destes subeixos, seus movimentos, redes articulatórias e mobilizações.

1 Movimentos sociais nucleados pela questão da moradia

Eles podem ser aglutinados em três frentes de luta:

1.1) grupos, fóruns e movimentos que atuam no plano institucional;

1.2) redes de movimentos sociais populares de luta pela moradia;

1.3) movimentos de associações de moradores.

1.1 Grupos e movimentos que atuam no plano institucional

A articulação de redes sociopolíticas compostas por intelectuais e movimentos populares que militam ao redor do tema urbano (o *habitat*, a cidade propriamente dita) foi, na sua grande maioria, tecida desde os anos de 1980 do século XX. Uma parte dos intelectuais que assessoravam movimentos sociais de luta pela moradia, naquela década, incorporou-se aos novos processos jurisdicionais previstos na Constituição de 1988, assumindo frentes de lutas bastante institucionalizadas, atuando no plano jurídico, como assessores a movimentos ou a parlamentares eleitos com o apoio do movimento popular, obtendo conquistas importantes como o Estatuto da Cidade, ou pressionando diretamente o poder público via instrumentos constitucionais. Estes assessores ajudaram a construir os fóruns civis nacionais e participaram do processo de construção e obtenção do "Estatuto da Cidade". Estes grupos localizam-se no eixo São Paulo, Rio de Janeiro, Minas Gerais, especialmente nas suas capitais. Alguns destes intelectuais ocuparam postos relevantes na administração pública, inclusive federal. Outros estão na direção de ONGs que acumularam grande experiência histórica e conhecimento no campo da questão urbana. Entretanto, a maior contribuição destes grupos foi canalizada para a rede do Fórum Nacional de Reforma Urbana – FNRU.

1.2 Redes de movimentos sociais populares de luta pela moradia

Dentre os movimentos populares urbanos, a luta pela moradia continuou a ter centralidade desde os anos de 1980, como a luta popular mais organizada nas grandes cidades, embora tenham perdido visibilidade nos anos de 1990, parcialmente recuperada nos anos de 2000. Dentre as entidades originárias dos anos de 1980 destaca-se a União Nacional por Moradia Popular, que teve como embrião a União por Moradia de São Paulo. Segundo registros sobre sua memória, sistematizados pelo Fórum Nacional de Reforma Urbana, "em 1987 a instituição iniciou uma ampla mobilização na cidade, com a realização de várias ocupações de terra. Houve uma organização por regiões com apoio das universidades e da Igreja Católica. Eram os primeiros passos buscando a implementação de um projeto de habitação. Em 1988 o grupo foi ao Uruguai conhecer os projetos de moradia da Fucvam, a Federación Uruguaya de Cooperativas de Vivienda y Ayuda Mutua, baseado na construção por ajuda mútua e com a autogestão. Uma caravana a Brasília garantiu recursos do Governo Federal para que fossem implementadas as primeiras iniciativas: projetos pilotos na região do ABC. Em seguida, durante o período em que Luíza Erundina, na época do PT, assumiu a Prefeitura de São Paulo, foi iniciado o processo de mutirão por autogestão" (*Boletim FNRU*, 23/11/2006).

No início deste novo milênio ocorreram algumas novidades no campo dos movimentos sociais de luta urbana pela moradia, a exemplo da criação do MTST – Movimento dos Trabalhadores Sem-Teto, versão urbana do MST. Outra novidade foi o fortalecimento de articulações entre os movimentos sociais tais como a CMS – Coordenação dos Movimentos Sociais, criada em 26 de julho de 2003, composta pelo MTST,

MST, CUT, Federação Nacional dos Advogados, CPT – Comissão Pastoral da Terra, Marcha Mundial das Mulheres, Confederação Nacional dos Profissionais Liberais e entidades estudantis. Na realidade já existia uma articulação criada no final do século passado, o Fórum de Movimentos e entidades sociais. Entretanto, a nova conjuntura política a partir de 2003 criou possibilidades para um avanço organizativo do Fórum – retomaremos este item ao final do livro). As lideranças mais jovens advêm do MST e MSTS.

Dentre outros movimentos de luta pela moradia organizada nacionalmente destaca-se o MNLM-Brasil – Movimento Nacional de Luta pela Moradia – e o Fórum Nacional pela Reforma Urbana, que reúne dezenas de movimentos sociais.

Parte de ex-militantes da luta pela moradia dos anos de 1980 migrou para as ONGs, participando de projetos institucionais, tais como as cooperativas de ajuda mútua e autogestão, a exemplo de várias alas do movimento das favelas, que passaram a ter projetos de reurbanização, remoção ou transferência para projetos do poder público. Esses últimos geraram movimentos de associações de moradores locais. Uma outra parte redirecionou suas práticas seguindo o modelo do movimento popular rural dos Sem-Teto urbanos. Eles têm realizado ocupações, não mais de áreas vazias – cada vez mais escassas e distantes nos grandes centros urbanos, mas ocupando prédios públicos e privados, ociosos ou abandonados, nas áreas centrais das grandes cidades. Inicialmente eles criaram fatos políticos novos e, ao mesmo tempo, novos cortiços nas áreas centrais. Mas a pressão contínua fez com que, progressivamente, fossem elaboradas políticas públicas para regularizar essas ocupações, a exemplo do plano de recuperação da região central de várias capitais do país, e os planos urbanísticos e de regularização da posse para os imóveis já ocupados. Uma outra subcategoria da luta pela moradia foi protagonizada pelos "moradores de rua". Vivendo sob pontes, marquises, praças e logradouros públicos, esses "moradores" aumentaram significativamente nos anos de 1990 em termos de número e de locais de ocupação. Eles são apoiados por pastorais da Igreja Católica e outras. Estão mais organizados também no eixo São Paulo, Rio de Janeiro e Minas Gerais. Políticas públicas têm sido elaboradas para esses segmentos que vão de sua remoção para conjuntos populares a mudanças provisórias em albergues, hotéis e imóveis alugados, quando localizados em situação de risco. Inúmeras vezes estes moradores foram manchetes na mídia pelo lado da desgraça: incêndios ocorridos em suas precárias acomodações ao ar livre. A organização dos moradores de rua é algo difícil porque eles são "flutuantes" no espaço, e eles não têm, usualmente, trabalho fixo. Muitos desses moradores foram no final dos anos de 1990 "recrutados" pelo MST para participarem de seus acampamentos e ocupações rurais. Em 2006, 10 entidades trabalhavam em apoio aos moradores nas ruas de São Paulo, a saber: Organização de Auxílio Fraterno, Associação Rede Rua, Associação Minha Rua Minha Casa, A Casa Acolhe a Rua, Cor da Rua, Pastoral da Rua, Casa de Oração do Povo da Rua, Fórum das Entidades que Trabalham com a População de Rua, Fórum de Debates sobre a População em situação de Rua, Fórum Nacional de Estudos sobre a População de Rua, e o Movimento Nacional dos Catadores de Materiais Recicláveis.

No início deste milênio ocorreu, nas grandes capitais, a migração dos grandes conflitos de luta pela moradia, da periferia para o centro das cidades. Em São Paulo, por exemplo, nos primeiros anos desta década havia três movimentos de moradores dos cortiços atuando na região central, a saber: o Movimento Fora do Cortiço, que reivindicava a ação da Prefeitura em outros cortiços, além do anunciado plano municipal para o histórico edifício São Vito, perto do mercado municipal; a ULC – Unificação das Lutas de Cortiços, o primeiro movimento de moradia a surgir no centro de São Paulo nos moldes de ocupações de prédios abandonados, em 1991; e o Fórum de Cortiços, o qual liderou várias das ocupações de prédios, públicos e particulares, na região central, no ano de 2002. Pesquisa realizada pelo jornal O *Estado de S. Paulo* em 2009 apontou que o aluguel mais caro da cidade, por metro quadrado, é o do cortiço. Por cômodo com tamanho médio de 10m², os habitantes pagam em média R$ 28,00, enquanto apartamentos luxuosos na zona sul, os mesmos metros custam R$ 23,00. Isso significa que morar num cortiço custa, em 2009, R$ 214,00, onde se aglomeram em média 20 pessoas com renda média de R$ 700,00.

Há ainda outros movimentos de organizações da luta popular pela moradia que aderiram à estratégia das ocupações de prédios velhos e vazios na região central das capitais, a exemplo dos que atuam em São Paulo, a saber: o MSTC – Movimento dos Sem-Teto do Centro, o mais organizado com cerca de 12.000 militantes em Julho de 2003, articulado à UMM – União dos Movimentos de Moradia, movimento criado nos anos de 1980 com forte poder de articulação na Zona Leste de São Paulo; o MMC – Movimento de Moradia do Centro, articulado à CMP – Central Movimentos Populares, entidade com dez anos de criação e 20 de lutas em São Paulo, e que reunia, em 2003, 200 entidades em todo o Brasil; o MSTRC – Movimento Sem-Teto da Região Central; o Movimento de Luta por Moradia de Campo Forte, da Zona Sul de São Paulo; a Associação Morar e Preservar Chácara do Conde; e o Movimento Sem-Teto de Heliópolis a maior favela de São Paulo. Em 2004 surgiu uma novidade em termos de articulação da luta pela moradia popular: a Frente de Luta por Moradia. Ela reuniu o Movimento dos Sem-Teto do Centro, o Movimento de Moradia da Região Centro, os movimentos Sudeste, Campo Alegre e Casarão Bresser, entre outros. Todos esses movimentos atuam há mais de 10 anos em São Paulo e realizam, desde 1999, grandes ocupações. Nos últimos anos, várias teses e dissertações foram produzidas sobre estes movimentos destacando-se as de Janaína Bloch (2008) e Edson Miaguski (2008), ambas produzidas na USP/SP.

Nos movimentos pela moradia observa-se a presença maciça de mulheres, especialmente entre os sem-teto. Os dados do IBGE de 2000 ajudam-nos a explicar: em 1991, o número de mulheres chefes de família ou respondendo pela casa era de 18,1% do total. Em 2000 este número passou para 24,9%, e, em 2006, para 29,2%. A taxa de desemprego é também duas vezes maior entre elas.

1.3 Movimentos de associações de moradores

O movimento de Associações de Moradores cresceu e diversificou-se. No passado foi um dos primeiros movimentos sociais das cidades brasileiras a tratar de forma coletiva problemas dos cidadãos enquanto morador, dependente de serviços públicos urbanos. As Sociedades Amigos de Bairros e Associações de Moradores estão na história política das cidades desde as primeiras décadas do século XX (cf. GOHN, 1982). Na fase do populismo (1945-1964) muitas delas se tornaram corrente de transmissão de interesses clientelistas. Depois elas também sofreram com a repressão na fase do regime militar e se tornaram agências de recreação (ruas de lazer), ou prestação de serviços (auxiliar na retirada de documentos pessoais como identificação) nos bairros. Ao final dos anos de 1970 elas renascem, como centros comunitários, na esteira de revitalização de movimentos que passaram a reorganizar a sociedade civil fora do âmbito dos sindicatos ou partidos, muitas vezes nos salões e pátios paroquiais. Nos anos de 1980 elas tiveram papel relevante na luta dos mutuários contra o extinto BNH ou o Sistema Financeiro de Habitação em geral, nas suas diferentes modalidades de ação. No plano da organização das associações de moradores destaca-se a Conam – Confederação Nacional Associações de Moradores. Nos estados da federação brasileira encontramos também inúmeras entidades aglutinadoras estaduais, a exemplo da Fapemg – Federação das Associações de Moradores do Estado de Minas Gerais.

Nos anos de 1990, com o desemprego e aumento da pobreza, o número de pessoas vivendo em favelas e áreas de ocupação irregular aumentou, assim como os grupos articulados a atividades ligadas à contravenção nestas mesmas áreas. Favelas de grandes capitais como Rio de Janeiro, São Paulo, Salvador, Recife etc. passaram a ser controladas por chefes da rede de narcotráfico e uso de drogas. Pesquisas recentes (ROCHA, 2006) têm demonstrado como as lideranças das associações locais são reféns daqueles chefes, o clima de medo e insegurança reinante, a ausência do Estado e o predomínio dos poderes paralelos fora das leis existentes. Registre-se ainda a importância das comunidades de vizinhança nos bairros e regiões populares, especialmente nas grandes cidades. Ele é fundamental para explicar a construção de laços de sociabilidades entre os moradores. Várias pesquisas, no Brasil e no exterior, têm chamado atenção para este aspecto (cf. MARQUES, 2007; WELMAN, 2001; BLOKLAND, 2003).

Neste novo século podemos afirmar que o movimento comunitário de moradores assumiu um novo perfil, de implantador de inúmeros Projetos Sociais nas comunidades onde atuam. Projetos de inúmeros tipos e natureza voltados para a "inclusão social". Usualmente não desenvolvem estes projetos sozinhos mas sim articulados com ONGs, ou outras entidades do Terceiro Setor, que sustentam a contratação de "educadores sociais" para o desenvolvimento dos projetos soiais (cf. GOHN, 2007, 2009); parcerias com órgãos públicos, o trabalho voluntário de moradores, articulação com escolas da comunidade etc. A visibilidade e o peso que os projetos sociais têm ganhado nos bairros e comunidades carentes têm construído e demarcado um espaço privilegiado na organização popular e no tratamento da própria questão social local. Disto tudo, concluímos: primeiramente o crescimento dessas ações no Brasil. Em segundo lugar, a crescente profissionalização dos educadores sociais que atuam na área dos projetos sociais, com predominância de mulheres, com alto grau de escolaridade, alterando o tipo de sociabilidade desenvolvida anteriormente nas associações, pois estes educadores, usualmente, são pessoas que trabalham na comunidade via uma ONG ou associação, mas residem fora, sendo a maioria pertencente a outra classe ou camada social. Em terceiro lugar, os projetos sociais não tematizam diretamente os problemas socioeconômicos, atuando mais no campo da cultura. Saberes locais tradicionais, expressos na música, dança, artesanato etc. são recriados e transformam-se em força social para mobilizar e organizar as comunidades, assim como para resgatar direitos culturais adormecidos. A diversidade cultural aparece de forma transversal, nos tipos de projetos, nas linguagens utilizadas e nos territórios onde atuam. Certamente que tudo isto contribui para a formação cidadã por meio dos diálogos que se constroem, colaborando e dinamizando o processo de conhecimento sobre a organização e as demandas da sociedade, especialmente de seus setores mais vulneráveis. Mas estes projetos têm caráter sazonal, dependem de apoios e verbas e ainda não criaram raízes de pertencimento junto às comunidades de forma a levá-las a práticas emancipatórias, tais como capacitá-los para que aprendam a fazer leituras de mundo, de seus interesses e dos outros, de forma democrática e não corporativa ou clientelística.

Na atualidade, entretanto, o movimento dos moradores não se resume a movimentos das áreas carentes, abrange também outras camadas sociais, especialmente em áreas verticalizadas, condomínios fechados de camadas médias e altas. Deixou de se restringir às áreas carentes e sem infraestrutura e ganhou densidade em áreas "nobres", habitadas predominantemente pela classe A ou elites econômicas do país. Este novo movimento de bairro ganhou força por dois motivos: primeiro, os problemas urbanos cresceram e ficaram complexos de tal forma que atingem a todas as camadas sociais da cidade; segundo, foram criados espaços participativos via políticas públicas que tem absorvido parte dessa demanda organizada. Além disso, observa-se o surgimento de inúmeras novas entidades organizadas como ONGs atuando em bairros específicos, sobre problemas particulares desses bairros. Na realidade, de certa forma, ocorre um processo de volta às origens pois as associações de moradores nasceram nas primeiras décadas do século XX, como associações de Amigos da Cidade, que incorporavam as elites modernizadoras das áreas dos casarões dos barões e comendadores da época. Consolidaram-se após 1945, durante o regime populista, em áreas tidas então como subúrbios e moradia de camadas populares. As periferias crescerão após 1960, ao redor daqueles antigos subúrbios – que atualmente são bairros nobres, como a Vila Mariana, Moema etc. em São Paulo.

2 Movimentos contra a violência urbana

Um importante movimento, surgido nos anos de 1990 que não tinha tanta presença nos anos de 1980, foi o movimento ligado à questão da violência e da criminalidade nas ruas. Podemos destacar as seguintes frentes de ação coletivas:

2.1 Movimentos contra violência aos cidadãos(ãs)

O assassinato de jovens levou muitas mães e pais de grupos de diferentes camadas sociais a criarem associações de luta contra a violência e a impunidade. Eles demandam políticas de emprego e de combate à violência urbana, demandam pela paz em vários campos do território urbano (no trânsito, nas ruas, escolas, ações contra as pessoas e seu patrimônio). Estão localizados mais nas regiões Sul e Sudoeste do país. Ele é ainda um movimento difuso, que está crescendo bastante, especialmente nos grandes centros urbanos. Certamente que nós já tínhamos o movimento pelos Direitos Humanos desde os anos de 1970. Ele teve um papel importante e fundamental desde a Luta pela Anistia, nos anos de 1970/1980. Mas, atualmente, pelas características e pelo panorama da sociedade brasileira atual, pelos fatos e acontecimentos recentes na sua conjuntura, o movimento contra a violência nas cidades ganhou força. Ele está sendo organizado em bairros e representam um clamor da sociedade civil na área da segurança pública, na busca de proteção à vida do cidadão no cotidiano. Pesquisas de opinião pública estão demonstrando que a segurança está passando a ser o principal item de demanda da população, mais do que o emprego, apesar da crise e recessão. A segurança é temor maior, ganha do medo do cidadão ficar desempregado, ou de contrair uma doença grave. Está sendo a preocupação número um da sociedade.

2.2 Movimento contra a violência em áreas periféricas e em zonas de favelas

A expansão da violência urbana para o conjunto da cidade levou a população das áreas periféricas a desnaturalizar a questão no sentido de vê-la e demandá-la como um problema também do seu cotidiano, e não como algo inerente ao seu meio como um todo. A dificuldade encontrada por esses movimentos tem sido a presença de grupos organizados, principalmente pelo tráfico das drogas, controladoras do próprio movimento de ir e vir nessas regiões. Em muitas favelas, por exemplo, esses novos "chefões" são temidos e respeitados, simultaneamente, pela população local pois, segundo informes publicados na imprensa, eles patrocinam melhorias urbanas, arrumam trabalho para as pessoas, cuidam de seus problemas. Em suma, muitas vezes eles têm mais legitimidade no bairro que os próprios líderes das associações locais de moradores. Recentemente a temática da violência em favelas e zonas tidas como de vulnerabilidade social não só ocupa noticiários e manchetes na mídia como tem sido objeto de filmes e documentários, que tem projetado a questão para o plano internacional, a exemplo de *Tropa de elite*, *Cidade de Deus*, etc.

2.3 Ações de resistência aos ataques a civis nas ruas

Rebeliões de gangues da contravenção, com ataques às unidades policiais, incêndio a ônibus, rebeliões nos presídios etc. a exemplo dos ataques a unidades policiais e a cidadãos, em maio de 2006, levando à paralisação das atividades comerciais, educacionais, industrial etc. da cidade, e o pânico na população que queria voltar para casa, tudo isso tem criado, neste novo milênio, um clima de guerra civil para a população como um todo. O medo inicial passa a ser substituído pela consciência da necessidade da ação coletiva da sociedade civil para pressionar os órgãos públicos do Estado por outros tipos de políticas que atuem na educação, geração de emprego, saneamento básico e saúde para a população de baixa renda. Em suma, a área da segurança tem gerado mobilizações e criado entidades de apoio que clamam pela paz – no trânsito, nas ruas, escolas, ações em defesa das pessoas e seu patrimônio etc.

Várias ONGs têm como bandeira principal de atuação a luta pela paz, contra todas as formas de violência, como o Instituto Sou da Paz, Instituto São Paulo Contra a Violência, Instituto Brasil Futuro, etc. Os especialistas que atuam nestas entidades alertam para os efeitos da cultura do medo, gerada pela violência generalizada, como um dos componentes da vida dos cidadãos neste novo milênio. Eles afirmam que:

> a violência é adotada como estilo de vida. Surge sem motivo aparente, de forma gratuita. A pessoa não encontra valores que a dignifiquem, seja na família, na escola ou nas instituições públicas. Dessa maneira, grupos se formam em torno de uma ideologia, de uma ética comum – caso de gangues como os carecas e surfistas de trem. O que os une é a manifestação da violência de qualquer grau. É a forma que encontram para expressar suas tensões, angústias, para dizer eu existo[2].

Outros analistas destacam também que a banalização da violência, em imagens e informações da mídia, repetem-se cotidianamente nas ruas e nas casas, contribuindo para o estilo do comportamento violento, gerando apatia e uma espécie de patologia social na qual a indiferença e a insensibilidade têm lugar, e não a indignação.

3 Movimentos sociais em áreas sociais e prestação de serviços públicos: educação, saúde e transportes públicos

3.1 Movimentos Sociais pela educação

É importante registrar que os movimentos pela educação têm caráter histórico, são processuais e ocorrem, portanto,

---

2. MESQUITA, P. & LEVISKY, D. [do Instituto São Paulo Contra a Violência]. *Folha de S. Paulo* – Caderno Equilíbrio, 04/03/2004, p. 6.

dentro e fora de escolas e em outros espaços institucionais As questões centrais no estudo da relação dos movimentos sociais com a educação são: participação, cidadania e o sentido político da educação. As lutas pela educação envolvem a luta por direitos e são parte da construção da cidadania. Movimentos sociais pela educação abrangem questões tanto de conteúdo escolar quanto de gênero, etnia, nacionalidade, religiões, portadores de necessidades especiais, meio ambiente, qualidade de vida, paz, direitos humanos, direitos culturais etc. Esses movimentos são fontes e agências de produção de saberes. Podemos equacionar as seguintes fontes de demandas no campo da educação: no setor da educação formal, escolar, e a educação não formal, desenvolvida em práticas do cotidiano, fruto de aprendizagem advinda da experiência ou de ações mais estruturadas, com alguma intencionalidade, objetivando a formação das pessoas em determinado campo de habilidade, fora das grades curriculares, certificadoras de graus e níveis de ensino.

3.1.1 Movimentos na área da educação formal: professores e demais profissionais do ensino

A área da educação tem sido, historicamente, fonte de demandas e reivindicações de todos os seguimentos sociais que compõem o seu universo: professores e demais profissionais do ensino, estudantes, pais ou responsáveis, gestores e proprietários de estabelecimentos de ensino etc. Dada a centralidade que o debate sobre a educação tem adquirido na atualidade é interessante resgatar alguns dados da origem dos movimentos e organizações associativas na área, pois eles nunca tiveram muita visibilidade na sociedade, restando a imagem de um campo de atribuição do governo ou dos sindicatos, mais recentemente.

No plano organizativo, a educação formal do ensino básico (atual Ensino Fundamental e Médio) tem uma longa história. Para situarmos os atuais movimentos sociais, temos organizações dos profissionais da área desde o final do século XIX. Moacir Gadotti afirma que "a primeira reunião de educadores brasileiros de que se tem notícia deu-se no Rio de Janeiro, em 1873, convocada por iniciativa do Governo. Dela participaram apenas professores daquele município. Dez anos depois realizou-se, na mesma cidade, uma Conferência Pedagógica que reuniu professores de escolas públicas e particulares da região" (GADOTTI, 1999: 1). Em 1902 criou-se a Associação Beneficente do Professorado Público em São Paulo, suspensa em 1919 (CATANI, 1989). Em 1919 foi criada a Liga do Professorado Católico, vinculada à Cúria Metropolitana (VIANA, 1999). Viana destaca que o modelo de atuação chamado associativismo "se aproxima em alguns momentos do sindicalismo tradicional – pelo seu caráter corporativo, assistencialista, mas também dele se distância pelo seu caráter de abnegação e vocação, por exemplo" (VIANA, 1999: 74). Viana destaca também a questão de gênero no magistério primário da época: predominantemente composto por mulheres.

Em 1924 ocorreu a criação da ABE – Associação Brasileira de Educação. Alguns autores registram este fato como início de um movimento docente mais amplo no Brasil. A ABE teve papel de destaque a partir de 1927 quando passou a organizar Conferências que chegaram a influir nos rumos da política educacional (organizou 13 conferências entre 1927-1967).

Em 1930 teve-se, em São Paulo, a criação do CPP – Centro do Professorado Paulista, em São Paulo, que incorporou o patrimônio da antiga Associação Beneficente (cf. LUGLI, 1997; VICENTINI, 1997). A CPP criou um órgão de divulgação, a Revista do Professor, denotando que a questão da comunicação via um recurso de mídia já era uma preocupação na criação e formação de opiniões e consensos. A CPP foi uma entidade conservadora, assistencialista e corporativa. Somente nos anos de 1940 é que ela incorporou a reivindicação salarial em suas propostas, até então dedicadas a eventos culturais e ao lazer (VIANA, 1997).

É importante relembrar que o ano de 1930 foi emblemático na história política brasileira, ele é considerado como o marco dos processos que levaram às reformas do Estado, a organização de uma nova institucionalidade, com a criação de ministérios, leis trabalhistas e a reorganização do sistema de ensino, organizado basicamente pelos antigos grupos escolares de ensino primário, segundo as várias reformas estaduais que ocorreram na década de 1920. Todas as mudanças da primeira etapa do governo de Getúlio Vargas levaram à industrialização emergente do país e a urbanização de centros como São Paulo. Os fluxos migratórios foram substituindo os imigrantes pelos migrantes nacionais, de origem rural, a maioria composta de analfabetos. A situação econômica do país era precária e em 1931 ocorreu a Marcha da Fome, convocada pelo Partido Comunista do Brasil.

Foi nesta conjuntura que emergiu, entre 1931-1932, o Movimento dos Pioneiros da Educação. Movimento nacional relacionado à área do sistema educacional formal brasileiro. Foi criado por uma série de educadores, como Anísio Teixeira, Lourenço Filho etc. que tinham participado de reformas do ensino primário e secundário em vários estados brasileiros. O movimento propunha, entre outras demandas, a criação de um sistema nacional para a administração de políticas educacionais; o ensino público, gratuito e de caráter universalizante, a não diferenciação de sexos nas escolas etc. Os Pioneiros lançaram um manifesto à nação (ROMANELLI, 1978). Eles participaram intensamente do debate entre os defensores do ensino confessional (católico) e do ensino laico (segundo os moldes do ideário escolanovista).

Em 1945, em São Paulo, foi criada a Apenoesp –Associação dos Professores do Ensino Oficial Secundário e Normal do Estado de São Paulo (12/03/1945) na cidade de São Carlos. O documento de justificativa diz que ela foi criada porque a CPP – Confederação dos Professores do Primário, já não representava toda a categoria. Limitava-se ao ensino do 1º ao 4ª ano primário. A criação da Apenoesp foi uma pressão da categoria dos professores por salários, mas também por parte daqueles que não se sentiam representados, principalmente os antigos ginásios e as Escolas Normais. A CPP continou a existir e filiou-se à Cmope – Confederação Mundial das Organizações de Profissionais do Ensino, com sede na Suíça.

Em 1958 ocorreu a Campanha em Defesa da Escola Pública, onde se destacaram a atuação de Florestan Fernandes, Anísio Teixeira e outros educadores (FERNANDES, 1966). A polêmica da escola pública laica *versus* a escola confessional, religiosa, colocada em pauta nos anos de 1930, esteve novamente presente na longa jornada de 14 anos de discussão e debates, no congresso nacional e entre os educadores, ao longo dos anos de 1950. Finalmente, em 1961, foi promulgada a primeira LDB – Lei de Diretrizes e Bases da Educação. Criou-se um sistema nacional de ensino. Foi nesta conjuntura que surgiu, em 1961, o MEB – Movimento de Educação de Base, voltado para a educação popular de adultos segundo o método Paulo Freire. O MEB se desenvolveu mais no Nordeste, e o método de alfabetização de Paulo Freire tornou-se posteriormente conhecido em várias regiões do mundo.

Logo no início da década de 1970, promulgou-se uma nova Lei de Diretrizes e Bases da Educação, destinada à Educação Básica. Os efeitos da nova institucionalidade fizeram se sentir na reorganização do movimento docente. Em 1973, em São Paulo, ocorre a transformação da Apenoesp na Apeoesp. A Confederação dos Professores Primários do Brasil deu origem à Confederação dos Professores do Brasil, a CPB (que só terá densidade nacional após a Constituição de 1988). Novas organizações surgem nos anos de 1970 tais como o MUP – Movimento Unificado de Professores, em 1976. É interessante que a impossibilidade de formar sindicatos na área dos funcionários públicos, naquela época, levou à formação de vários grupos e tendências dentro do MUP. Pelo menos duas se destacaram: uma de origem trotisquista, a OSI – Organização Socialista Internacionalista (entidade que posteriormente deu origem a FQI – Fração IV Internacional, filiada à IV Internacional) e a Moap – Movimento de Oposição Aberta dos Professores – que passou a se organizar pela base, em núcleos nas escolas. Estas tendências nada mais eram do que reflexo do movimento mais geral dos trabalhadores que naquele momento se debatia nas formas de organização do sindicalismo de resistência do ABC, e os grupos das Comissões de Fábrica do Sindicato dos Metalúrgicos de São Paulo e outras categorias. Ou seja, na segunda metade dos anos de 1970, a organização dos professores aproxima-se da organização dos trabalhadores, deixa de ser uma organização específica da categoria para ampliar seu escopo, incluindo não apenas outros profissionais da educação, mas também se articulando com as correntes sindicais que vieram a dar origem, nos anos de 1980, à CUT, CGT, posteriormente a Força Sindical e outras centrais. Lideranças do movimento dos professores da época se transformaram, nos anos 2000, em ministros de estado.

Em 1981 ocorreu a fundação da Andes – Associação Nacional de Professores do Ensino Superior. Ela nasceu da união das Associações Docentes das universidades, principalmente públicas e comunitárias. Em 1987 formou-se o Fórum Nacional de Defesa da Escola Pública, o qual teve um papel decisivo no processo constituinte e na elaboração dos artigos relativos à Educação na Carta Constitucional de 1988. O lançamento do Fórum foi acompanhado de um manifesto em defesa da escola pública e gratuita. O Fórum demandou um projeto de educação como um todo e não apenas reformas no sistema escolar.

Em 1988 foi lançado nacionalmente o Movimento em Defesa da Escola Pública. Este movimento, em parte, representou, na área da educação, a retomada de movimentos ocorridos nos anos de 1930 pelos Pioneiros da Educação e nos anos de 1950 pelos intelectuais nacionalistas do período. Com a nova Constituição Federal de 1988 os funcionários públicos ganham o direito de se sindicalizarem. A Apeoesp transforma-se em sindicato. Em 1989 ocorre a criação da CNTE – Confederação Nacional dos Trabalhadores da Educação. Esta entidade surgiu a partir da união da CPB – Confederação dos Trabalhadores do Brasil com a Fenase – Federação Nacional dos Supervisores de Ensino e a Fenoe – Federação Nacional de Orientadores Educacionais e a coordenação Nacional de Servidores do Ensino Público. A CNT articulou-se à CUT.

Já mencionamos que até 1988 os profissionais das redes públicas de ensino não podiam participar de sindicatos, apenas de associações. Após aquela data, o número de sindicatos cresceu muito e associações de professores tornaram-se as maiores redes organizativas na educação formal, escolar. É importante registrar também que, na atualidade, em alguns países, como no México e na Argentina, o movimento dos profissionais da educação é um dos maiores eixos de mobilização e protestos do país.

Na atualidade, na educação formal, escolar, temos as seguintes fontes de demandas e mobilizações: por escolas de

Educação Infantil (antigas creches), pelo acesso à escola, aumento de vagas; escola pública com qualidade, gestão democrática da escola, projetos pedagógicos que respeitem as culturas locais, valor das mensalidades das escolas particulares, realização de experiências alternativas; luta no processo de implantação de novos modelos, experiências ou reformas educacionais envolvendo acompanhamento, redefinição do conceito de participação, luta dos professores e outros profissionais da educação por condições salariais e de trabalho; lutas dos estudantes por vagas, condições, mensalidades, refeitórios, moradia, contra discriminações, pela contratação de professores, mais verbas para educação e reajustes das mensalidades nas faculdades particulares, assim como expansão e acesso ao ensino universitário; cotas para os excluídos socioeconomicamente ou por questões da cor ou etnia; tarifas de transportes e de restaurantes universitários, participação nas comissões que decidem sobre os exames nacionais de avaliação do ensino básico (fundamental e médio) e acesso à universidade etc.

3.1.2 O ME – Movimento dos Estudantes

O ME, especialmente os do Ensino Médio e Superior, merece um destaque maior porque ele sempre esteve presente em momentos cruciais da história política do país. Das ações dos estudantes de Direito na fase do Brasil Império, passando pelas lutas estudantis dos anos de 1960, pelas Diretas Já de 1984, pelos caras-pintada de 1992, até a UNE atual, e as novas formas de ação, com ocupações em órgãos administrativos da universidade, o ME é um ator político relevante no Brasil.

Logo após 1964 as mobilizações de estudantes, como outros movimentos e organizações da sociedade brasileira, sofreram um refluxo. Mas em 1966 o ME se recompôs, até chegar ao apogeu em 1968 – criando um imaginário de luta dos estudantes que se associou à luta contra a ditadura, às lutas contra o *status quo*, no rastro de Maio de 68 na França, Alemanha, Checoslováquia, Estados Unidos, México, Argentina etc. À programada realização do Congresso da UNE em Ibiúna, cidade próxima de São Paulo, cujos participantes em sua maioria foram presos, seguiu-se a invasão da moradia dos esudantes na USP, o Crusp e a repressão às grandes passeatas que ocorriam nas ruas centrais de São Paulo, particularmente 7 de Abril, a 24 de Maio, a Avenida São João e a Praça da República. Vale a pena chamar a atenção para o fato de que o cenro da cidade era então o ponto de encontro dos manifestantes, ao contrário dos anos 1990, quando os protestos deslocaam-se para a Avenida Paulista, que havia se tornado o coação econômico de São Paulo, com grande concentração de ompanhias e bancos.

Mas, em seguida àqueles atos repressivos, a reação do goerno se deu com a Reforma Universitária de 1968, a emisão do Decreto 477, proibindo as manifestações estudantis e o Ato Institucional n. 5 (AI-5) em dezembro de 1968.

Breno Bringel (2009), ao analisar o movimento dos estuantes no Brasil, seguindo análises teóricas de Tilly e Tarrow, estaca como sendo quatro seus principais ciclos de protestos mobilizações a partir dos anos de 1960. O primeiro, ao lono de 1960, das revoltas e passeatas. O segundo, "a partir de 975, (quando) a tensão contínua entre os militares e as foras democratizantes gerou uma dinâmica de 'concessões do egime e conquistas da sociedade', dentro de uma conjuntura e resistência e luta democrática". O terceiro localiza-se na écada de 1980 na conjuntura do "Movimento pela Anistia" e s "Diretas Já" . Neste período as campanhas pela participaão popular na Assembleia Constituinte tiveram grande imacto na mídia e obtiveram-se algumas conquistas. Bringel irma que elas anunciaram as dinâmicas futuras das lutas estudantis no país. De acordo com o estudo de Michiles (1989) sobre as emendas populares e a participação de organizações e movimentos sociais, "os estudantes apresentaram cinco emendas, mas somente uma conseguiu mais de cem mil assinaturas" (1997: 14-15). O quarto ciclo das lutas estudantis ocorre com os "caras pintadas" durante o processo de *impeachmen* de Collor. Bringel segue autores, como Mische (1997, 2008) e Barbosa (2002), quando afirmam que os cara-pintadas foram a única manifestação juvenil que rompeu com a apatia e o individualismo da geração "shopping center".

As ocupações às reitorias durante os anos 2007 e 200: aparecem como o quinto ciclo de mobilização e a "nova car visível" dos movimentos estudantis brasileiros. As questõe da ética estavam na pauta estudantil desde a era Collor com o "Caras Pintadas", mas em 2007-2008 elas assumem novo sen tido, dirigem-se para a democratização das próprias universi dades. O exemplo emblemático se deu em 2008 com a ocupa ção da UnB – Universidade de Brasília e a luta vitoriosa pel saída de seu então reitor – amplamente denunciado na mídi por gastos pessoais ou exagerados com o dinheiro público n uso dos "cartões corporativos" – novo instrumento de viabili zação de práticas clientelísticas e ilegais.

Bringel (2009) assinala que "o recente ciclo de mobiliza ção estudantil supõe um novo ponto de inflexão dentro da lutas estudantis brasileiras também no que se refere ao ques tionamento das dinâmicas organizativas e mobilizatórias da últimas duas décadas, a partir de uma maior horizontalidad da informação, da deliberação e a ausência de lideranças def nidas. Em suma, frente à centralização, hierarquização e part darização das lutas estudantis (expressado, nas últimas dua décadas pelo controle político dessas lutas pelos centros e d retórios de estudantes, a maioria cooptados por partidos pol icos) aparece um formato mais 'movimentista'" (BRINGEL, 2009: 15-16).

Portanto, neste novo milênio, o ME volta à cena pública protagonizando outras lutas que articulam questões específicas do cotidiano deles com questões éticas da sociedade brasileira. As primeiras se refletem nas condições de infraestrutura das universidades: falta de professores, salas, equipamentos, refeitórios e qualidade da comida, bibliotecas desatualizadas; a eterna luta sobre o valor das mensalidades – no caso das instituições particulares – e a aceitação das carteirinhas da UNE em cinemas, teatros etc.

Questões específicas também têm entrado na pauta das demandas dos estudantes no Brasil de forma nova, agora articuladas com as políticas nacionais. A questão das cotas para afrodescendentes, populações indígenas e de baixa renda, o Prouni, passes de transportes e preço das passagens – criando o movimento do Passe Livre dos estudantes do Ensino Médio, e outras políticas denominadas como de "inclusão social" – vão mobilizar categorias específicas, em lutas contraditórias no movimento como um todo.

Os estudantes têm tido participação ativa nos encontros do Fórum Social Mundial. As publicações, análises, material visual, e relatos das edições do FSM atestam isto. A política partidária continuou a ter grande influência na UNE, liderada por mais uma década por lideranças estudantis ligadas ao PC do B. Em 2007, durante o 50º Congresso da UNE, uma mulher foi eleita presidente da entidade – é a quarta mulher a dirigir a entidade, que já tem quase 70 anos de existência, portanto um fato histórico relevante na perspectiva da análise de gênero. A nova presidente é aluna de uma instituição particular, filiada ao PC do B. É a 10ª Presidente filiada ao PC do B que, desde 1981, controla a entidade.

3.1.3 Movimentos sociais pela educação (várias categorias sociais)

Cumpre mencionar ainda os Movimentos de Educação Popular. Embora ele nunca tivesse tido grande visibilidade como um ator independente, no início deste milênio, ele esta ganhando formato novo entre as camadas populares. Suas de mandas foram, frequentemente, incorporadas pelos sindi catos dos professores e demais profissionais da educação, ou por articulações amplas, como a luta pela educação no perío do da Constituição levadas a efeito pelo Fórum Nacional de Luta pela Escola Pública, protagonizada basicamente por ato res das camadas médias. Os militantes da luta pela educação continuaram muito atuantes nos anos de 1990 – até a promul gação da nova LDB – Lei de Diretrizes e Bases, em 1996; ma as reformas neoliberais realizadas nas escolas públicas d Ensino Fundamental e Médio alteraram de tal forma o cotidi ano das escolas que deu as bases para outras mobilizações pel educação. Falta de vagas, filas para matrículas, resultados d exames nacionais, progressões contínuas (passagem de an sem exames), deslocamento de alunos de uma mesma famíli para diferentes escolas, atrasos nos repasses de verbas par merendas escolares, denúncias de fraudes no uso dos novo fundos de apoio à educação, entre outras, foram pautas d agenda do movimento popular na área da educação. Regis tre-se ainda os altos índices de evasão escolar – apenas 57% das crianças que iniciam a escola chegam à 8ª série (IPEA 2006). Registre-se ainda que a crise econômica e o desempre go levaram centenas de famílias das camadas médias à procur de vagas nas escolas públicas. Além de aumentar a demanda essas famílias estavam acostumadas a acompanhar o cotidian das escolas, levando essas práticas para as escolas públicas, ar tes bastante fechadas à participação comunitária. Com isso, a escolas passaram a desempenhar o papel de centros comunit rios, pois a falta de verbas e a busca de solução para novos problemas como a segurança, a violência entre os jovens e o universo das drogas, levaram-nas à busca de parceiros no bairro ou na região, com outros organismos e associações organizadas.

Dados da pesquisa *Aspectos Complementares da Educação 2004*, realizada a partir da Pnad – Pesquisa Nacional por Amostra de Domicílios –, divulgada em 2006, mostram que menos de 14% das crianças de zero a três anos de idade estavam em creches. De um total de 11,5 milhões de brasileiros nesta faixa etária apenas 1,5 milhão frequentavam a creche. A mesma pesquisa mostra que quase 30% das crianças entre quatro e seis anos estão fora das escolas de Educação Infantil. O movimento pelas creches, importante nos anos de 1970, especialmente em São Paulo e em Belo Horizonte, se institucionalizou bastante nos anos de 1980. Neste novo milênio o movimento pelas creches está sendo recriado em várias cidades, como em São Paulo, devido à falta de vagas, como "Movimento dos Sem Creche". Isto se explica também porque o acesso à Educação Infantil de 0-6 anos não foi universalizado na Constituição de 1988, ao contrário do Ensino Fundamental. Com o novo Fundeb – Fundo Nacional de Desenvolvimento da Educação Básica –, aprovado em 2007, espera-se que ele possibilite um maior atendimento às crianças de 0-6 anos, assim como venha a investir na formação dos profissionais que atuam nesta faixa etária, ainda organizada em muitos lugares sem a devida qualificação de seus profissionais, à mercê de prefeituras que não têm em seus quadros profissionais com formação para atuarem nas políticas de 0 a 6 anos de idade – fundamental para a formação de valores.

Existe outro movimento importante, que é o Movimento da Infância. Ele abrange crianças e adolescentes que vivem em situação de exclusão, usualmente nas ruas. Inúmeros projetos sociais têm sido desenvolvidos com estas crianças e adolescentes. Este movimento conta com o apoio de pastorais da Igreja Católica e o apoio de inúmeros voluntários.

A EJA – Educação de Jovens e Adultos, que tem no passado dos movimentos de Educação Popular criados a partir dos anos de 1960 sua matriz fundadora, configura-se na atualidade como um movimento social e inúmeros programas. O EJA organiza-se por turmas e possui grande demanda, pois é ofertado à noite. Mas o EJA não passa por avaliações de qualidade como a escola básica, ficando difícil conferir seus resultados. No passado a educação de jovens e adultos focalizava bastante o processo de alfabetização, e a educação popular também era utilizada como terminologia para indicar processos de alfabetização em espaços alternativos, com métodos alternativos ou a pedagogia freiriana, voltada para a educação (cf. LA BELLE, 1986; TORRES, 1992). Na atualidade, os processos de certificação curriculares podem e devem ser diferenciados dos processos de aprendizagem de conteúdos necessários para o dia a dia, no eixo da educação não formal. O Mova – Movimento de Alfabetização de Jovens e Adultos – é uma das ações do EJA, que não se limita à categoria dos jovens. O Mova segue uma linha freiriana e tem no Instituto Paulo Freire um de seus principais polos geradores de atuação. Ele é também um dos exemplos de política pública implementada em parceria com a comunidade organizada, com a assessoria de ONGs. Atualmente ele se concentra mais nas regiões Norte e Nordeste do país.

Um movimento social que data do século XX e ainda persiste em alguns estados brasileiros é o movimento das escolas comunitárias. Monica Rodrigues Costa, pesquisando o tema, afirma:

> O Movimento das Escolas Comunitárias tem um
> origem antiga. O seu surgimento em Recife data d

1942, sob a denominação de "escolas da comunidade", em razão de um elevado crescimento populacional no período, sendo a oferta de serviços insuficiente para atender a demanda. Estas escolas se espalharam por todo o país. Ao longo dos anos de 1980 as "escolas da comunidade" voltam a se estabelecer, basicamente em função do mesmo motivo: o sistema público oficial não consegue absorver as crianças e adolescentes de todas as comunidades, especialmente as periféricas. Seu objetivo não é apenas ser includente, mas desenvolver um trabalho pedagógico que assume a realidade das comunidades como parte do processo ensino-aprendizagem, tendo a experiência das pessoas como base de uma ação transformadora. Em 1986 o movimento das Escolas Comunitárias cria a Aeec, para politizar o debate educativo e lutar pelo reconhecimento das escolas comunitárias como espaço educativo e pela garantia de funcionamento, via acesso a recursos públicos. A partir dos anos 1990, o movimento prioriza o investimento na qualificação de sua prática, no reconhecimento de seu trabalho pelo Estado, e se afirma como organização que atua no campo da Educação Popular, construindo uma identidade entre as diversas experiências pedagógicas que as escolas comunitárias desenvolvem (COSTA, 2008: 12-14).

Como pode-se observar ao longo de todo este livro, o cenário das mobilizações e ações coletivas alteram-se no novo milênio. No campo da Educação, no século XXI, entram em cena novos sujeitos, muitos deles institucionais, como as Fundações e entidades do Terceiro Setor. Estas entidades foram estimuladas pelas novas diretrizes governamentais, tanto nacionais como internacionais, e pelo suporte jurídico que obtiveram ao final dos anos de 1990 com a Lei do Voluntariado, ou do Terceiro Setor – que gerou a regulamentação de novas regras para parceria público-privado. Foram estimuladas também pela criação de novos fundos e projetos de apoio e estímulo a articulação das entidades da sociedade civil e as redes públicas de escolas do ensino básico, assim como os novos Fóruns e Conferências Nacionais, Plano Nacional da Educação etc. E estimuladas ainda por linhas de projetos/programas lançadas por entidades de apoio à pesquisa acadêmica, como o CNPq, a Fapesp e outras.

O leque de articulações que deu origem aos novos sujeitos também se amplia, cruzando temáticas de gênero, etnia, faixas etárias e nacionalidade. Algumas ações ou movimentos na área da educação foram criados nos últimos anos do século XX, a exemplo da Campanha Nacional de Direitos da Educação, mas a maioria foi criada nos primeiros anos do novo século, muitos deles já no padrão organizativo predominante neste novo século que é o de se organizar segundo um foco. Assim, negros, índios e outros excluídos articularam o movimento ao redor da questão das cotas nas universidades levando à criação de programas como o Prouni; ou em movimentos específicos de mulheres negras como o Fala Preta, movimento por escolas dos Quilombolas, movimento por universidades para negros como a universidade da Cidadania Zumbi dos Palmares, criada em 2001 em São Paulo. Segundo alguns analistas, como Sacks (2007), o multiculturalismo, que está por detrás destas políticas, na Europa está tendo um resultado muito contraditório. De um lado, afirmou a cultura de minorias, deu dignidade às diferenças. De outro, o multiculturalismo não levou à integração e sim à segregação. O objetivo inicial, de promover a tolerância, levou ao seu contrário: a intolerância e hostilidade dos grupos que se agregaram identitariamente. Resta avaliar os resultados destas políticas no Bra sil, aplicadas sem nenhuma mediação em relação às diferenças históricas do processo brasileiro de construção de sua nação.

O "Compromisso Todos pela Educação" é um outro exemplo dos novos movimentos sociais na área da educação neste novo milênio. Ele é uma coalizão de pessoas do mundo empresarial e/ou das elites empresariais tais como G. Gerdau, J. Roberto Marinho, ou executivos de grandes bancos e personalidades do Terceiro Setor já com destacada atuação no campo da educação como Viviane Senna, Milu Vilela, Ana Dinis, Norberto Pascoal etc.; além do Instituto Ethos, o Gife, apoio da Unesco. A proposta é no sentido de fazer da educação uma ferramenta básica para o próprio desenvolvimento do país, pressionando o governo para que ela se torne a principal política pública. A proposta é focalizar a rede pública da escola básica. Quando o compromisso foi lançado, cinco metas básicas foram propostas para serem atingidas, até 2022.

Movimentos sociais já existentes no século XX também se reorganizaram, a exemplo da CNDE – Campanha Nacional de Direitos da Educação, que teve sua origem em 1999, no contexto preparatório da Cúpula Mundial de Educação no Senegal (Dakar/2000). Na ocasião, um grupo de organizações da sociedade civil brasileira lançou a campanha, com a meta de contribuir para a efetivação dos "direitos educacionais garantidos na Constituição, por meio de ampla mobilização social, de forma que todos tenham acesso a uma escola pública de qualidade. A campanha surge justamente no momento que a educação passa a ser eixo central no discurso das reformas de estado e, ao mesmo tempo, em que se atribui à Educação um papel estratégico no novo modelo de desenvolvimento articulado pelas políticas da globalização. A campanha alinha-se em rede a 120 instituições, movimentos ou redes internacionais, a exemplo da Campanha Global.

A campanha possui um Comitê Diretivo e Comitês Estaduais em treze estados brasileiros. Com uma coordenação localizada em São Paulo, ela realiza anualmente uma Assembleia Geral e se submete à Avaliação Técnica e à Auditoria Externa, desenvolvida por consultorias especializadas. As seguintes entidades compõem a Campanha: Ação Educativa, Action Aid, Centro de defesa da Criança e do Adolescente do Ceará, CEDECa, Centro de Cultura Luiz Freire, CNTE – Confederação Nacional dos Trabalhadores da Educação, MST – Movimento Nacional dos Trabalhadores Sem-Terra, Undime – União Nacional dos Dirigentes Municipais de Educação, Uncme – União Nacional dos Conselhos Municipais de Educação.

3.1.4 Demandas da área da educação não formal

A educação não formal é um campo de conhecimento em construção e já realizamos publicações a respeito (cf. GOHN, 2007, 2008c). Trata-se de uma área que o senso comum e a mídia não veem ou não tratam como sendo parte da educação porque reduzem a educação aos processos escolarizáveis. A educação não formal designa um processo com várias dimensões tais como: a aprendizagem política dos direitos dos indivíduos enquanto cidadãos; a capacitação dos indivíduos para o trabalho, por meio da aprendizagem de habilidades e/ou desenvolvimento de potencialidades; a aprendizagem e exercício de práticas que capacitam os indivíduos a se organizarem com objetivos comunitários, voltadas para a solução de problemas coletivos cotidianos; a aprendizagem de conteúdos que possibilitem aos indivíduos fazerem uma leitura do mundo do ponto de vista de compreensão do que se passa ao seu redor, a educação desenvolvida na mídia e pela mídia, em especial a eletrônica etc. São processos de autoaprendizagem e aprendizagem coletiva adquiridas a partir da experiência em ações coletivas, organizadas segundo eixos temáticos: questões étnico-raciais, gênero, geracionais e de idade etc.

Diferenciamos a educação não formal de outras propostas de educação, apresentadas como educação social, educação sociocomuntária, educação permanente, pedagogia social, educação popular etc. A maioria destas propostas se voltam para os excluídos objetivando na maior parte das vezes apenas inseri-los no mercado de trabalho. Entendemos a educação não formal como aquela voltada prioritariamente para a formação da cidadania, para o ser humano como um todo, cidadão do mundo, homens e mulheres, independentemente de classe social ou situação socioeconômica, cultural ou religiosa. Em hipótese ALGUMA ela substitui ou compete com a educação formal, escolar. Poderá ajudar na complementação dessa última, via programações específicas, articulando a escola e a comunidade educativa, localizada no território de entorno da escola. A educação não formal tem alguns de seus objetivos próximos da educação formal, como a formação de um cidadão pleno, mas ela tem também a possibilidade de desenvolver alguns objetivos que lhes são específicos

As práticas da educação não formal se desenvolvem usualmente extramuros escolares, nas organizações sociais, nos movimentos, nos programas de formação sobre direitos humanos, cidadania, práticas identitárias, lutas contra desigualdades e exclusões sociais. Elas estão no centro das atividades das ONGs nos programas de inclusão social, especialmente no campo das artes, educação e cultura. A música tem sido, por suas características de ser uma linguagem universal, e de atrair a atenção de todas as faixas etárias, o grande espaço de desenvolvimento da educação não formal (cf. GOHN, 2003). E as práticas não formais desenvolvem-se também no exercício de participação, nas formas colegiadas e conselhos gestores institucionalizados de representantes da sociedade civil.

A educação não formal é uma área carente de pesquisa científica. Com raras exceções, o que predomina é o levantamento sistemático de dados para subsidiar projetos e relatórios, feitos usualmente por ONGs, visando ter acesso aos fundos públicos que as políticas de parcerias governo-sociedade civil propiciam. A reflexão sobre esta realidade, de um ponto de vista crítico, reflexivo, ainda engatinha. Ouve-se falar muito de avaliações de programas educativos, destinados a comunidades específicas, apoiados por empresas, sob a rubrica de "Responsabilidade Social". O que devemos atentar é que muitas dessas avaliações buscam verificar não os resultados dos programas junto dos sujeitos que deles participam; procuram-se os resultados junto dos consumidores e acionistas em relação à imagem daquelas empresas.

Mais uma vez alertamos: a educação não formal não deve ser vista, em hipótese alguma, como algum tipo de proposta contra ou alternativa à educação formal, escolar. O ideal é que ela seja complementar, mas atue em conjunto com a escola. Ela não deve ser definida pelo que não é, mas sim pelo que ela é – um espaço concreto de formação com a aprendizagem de saberes para a vida em coletivos.

A questão da educação não formal no âmbito dos movimentos sociais correlaciona-se, em primeiro lugar, pelo caráter educativo que é o ato de participar. Desde 1992 temos escrito a este respeito, quando publicamos *Movimentos sociais e educação*, destacando dimensões do caráter educativo dos movimentos sociais, para seus participantes, para seus interlocutores ou oponentes ao movimento, e para a sociedade em geral, participando da construção de quatro grandes processos, sociopolíticos e culturais, a saber: o da construção da cidadania, da organização política, da cultura política e da configuração do cenário sociopolítico e econômico. A educação não formal atua ainda na percepção dos indivíduos, via complexos processos de subjetivação, contribuindo para a construção de novos imaginários e de uma nova cultura política.

3.2 Movimentos ao redor da questão da saúde

A área da saúde, especialmente a saúde coletiva, pública, é, desde os anos de 1980, um setor de concentração de demandas, reivindicações, movimentos, associações, conselhos, agentes comunitários etc. Por isto, a saúde foi uma das primeiras a se organizar e a criar os Conselhos Gestores de Saúde, a partir da experiência das assembleias ocorridas nas Conferências de Saúde – organizadas desde o final dos anos de 1980 e os conselhos populares de saúde, daquela mesma época.

As principais mobilizações da saúde são:

• Movimentos ao redor da questão do SUS – Sistema Único de Saúde.

• Movimento das conferências nacionais, estaduais e municipais da saúde.

• Movimento dos agentes comunitários de Saúde (ex. Programa Saúde da Família).

• Movimentos dos portadores de necessidades especiais (acesso e mobilidade, problemas: visual, motor, auditivo etc.). Esta modalidade de associação criou entidades muito atuantes, como "Guerreiros da Inclusão" no Rio de Janeiro, ou projetos sociais nas instâncias administrativas, como "Sampa Inclui", na Prefeitura de São Paulo. As entidades e movimentos que se articulam nestas questões tratam de temas e problemas fundamentais para a cidadania ao demandarem os direitos dessas pessoas, assim como resgatam a própria vida a centenas de seres humanos, especialmente os pobres, que vivem confinados em suas casas, dependentes da ajuda de parentes e outros para ir a uma consulta. Programas que incluem visitas a museus, parques, idas a centros culturais e outros representam uma esperança e um reviver para estas pessoas (cf. VIDAL, 2009).

• Movimentos dos Portadores de doenças específicas: insuficiência renal, lúpus, Parkinson, Mal de Alzheimer, câncer, doenças do coração etc. Esta modalidade é um outro exemplo vivo e atuante do papel dos movimentos sociais para a democratização na e da sociedade, assim como a importância da educação não formal, quando nos reportamos a suas ações e denúncias contra a compra de órgãos humanos, e o consequente desrespeito às filas para o transplante desses órgãos.

• Movimentos de solidariedade e apoio a programas dirigidos às pessoas que usam drogas e portadores de HIV, Rede de Controle Social da Tuberculose.

Programas como Saúde da Família (PSF) podem ser utilizados como exemplos deste novo perfil de atuação da sociedade civil organizada via a mediação das ONGs e outras instituições. Em 2003 o PSF mantinha 15 mil equipes em todo o Brasil sendo 690 só na cidade de São Paulo, onde havia 3.544 agentes comunitários. Exige-se deste novo ativista uma atuação integrada a uma equipe médica, e ao mesmo tempo um trabalho prévio de cadastramento da população e suas necessidades locais. Para o agente trata-se de um espaço de trabalho e renda, por certo período, dependendo de seu contrato com a ONG que o contratou. Posteriormente foram abertos concursos para suas contratações. A maioria destes agentes não tem experiência associativa anterior e nem cursos de formação ou de capacitação sobre como poderá ser uma participação cidadã. Quanto ao serviço público prestado à população por estes agentes, observa-se um movimento contraditório de um lado, um avanço pelo fato de se ter contato direto com a realidade local, muitos agentes comunitários conhecem a realidade dos problemas locais, e a atuação local fornece a possibilidade de um "atendimento personalizado". De outro lado, esse atendimento se inscreve num cenário de escassez de recursos humanos e material, e o que deveria ser um acréscimo, de fato, é uma subtração porque estes agentes têm que realizar outras tarefas nos postos de atendimento – para suprir pessoal que deveria estar trabalhando como funcionário regular. Faltam aos agentes comunitários formação e informação, e a socialização das informações, em geral, é muito difícil. Na formação não bastam aspectos biológicos, relativos às doenças, deve-se ter uma prática que os capacitem a fazer uma leitura mínima do mundo, da vida e seus problemas, do entendimento de seu papel no processo. Para agir segundo um pretenso modelo que criou os agentes comunitários, eles deveriam entender certos códigos de conduta e de linguagem, estarem articulados em redes de formação. Eles não podem ser um agente comunitário "institucionalizado", que perdeu sua identidade com seu território de origem, que não tem laços de pertencimento locais, que só se preocupa com a rotina do trabalho segundo seu vínculo empregatício.

Algumas ações têm sido tomadas por órgãos governamentais para sanar os problemas de formação tais como as "oficinas de sensibilização e mobilização social", visando a implantação do Cartão Nacional de Saúde. Nestas oficinas, o ponto de partida é a definição de conceitos que entendem como básicos, como por exemplo, o que é mobilização. Há também toda uma unidade temática voltada para o planejamento da mobilização, que nos lembra o roteiro de Toro (2006), já citado no início deste livro.

Nos últimos anos, o movimento popular urbano de saúde, embora tenha se fragmentado, entrou na luta da questão de preços dos convênios, remédios, postos de saúde etc. Ele tem participado das Conferências Nacionais de Saúde, muitos deles envolveram-se na gestão dos conselhos de saúde como representantes dos usuários. É importante registrar que na área da saúde, em alguns locais, como na Zona Leste paulista, os conselhos populares, criados nos anos de 1980, ainda sobrevivem, ao lado dos conselhos gestores oficiais.

3.3 Movimentos na área dos transportes

Sabemos que a organização no setor de transportes divide-se por área: terrestres, aeroviários e marítimos. No terrestre, destacam-se organizações dos usuários de ônibus coletivos, trens e metrôs, assim como a de trabalhadores das três categorias. Este movimento foi um dos principais movimentos no cenário do ciclo movimentalista do final dos anos de 1970 e parte dos anos de 1980 em várias capitais brasileiras. Ele estava localizado mais nas demandas da população por novas linhas de ônibus, trens e metrô, e melhoria de suas condições. Ele gerou organizações, confederações e Secretarias Nacionais dos transportes.

Nos anos de 1990 o movimento pelos transportes se tornou bastante institucionalizado e outros atores entraram em cena como os perueiros (transportes alternativos), de caráter contraditório e com práticas nada democráticas; os caminhoneiros, que chegaram a paralisar rodovias importantes no Brasil, e os aeroviários, com ações de pilotos, controladores de aeronaves e demais funcionários. Este último, em 2006, teve grande impacto no cotidiano de milhares de cidadãos e ganhou manchetes diárias na mídia, ao se congestionarem as partidas e chegadas das aeronaves nos aeroportos. Observa-se que o setor dos transportes é vital para o dia a dia de um país, em todas as suas modalidades, e atinge a todas as classes e camadas sociais, pois todos enfrentam os congestionamentos de tráfico – de carro ou de aeronaves. O setor de transporte público é sempre a maior fonte geradora de problemas, demandas e movimentos. Ele impacta a sociedade e a mídia quando suas ações atingem milhares de trabalhadores, que ficam impossibilitados de comparecer aos postos de trabalho, escolas etc. O transporte aeroviário impacta mais a mídia pela visibilidade que obtém. Em 2007 o Brasil viveu o "apagão aéreo", a maior crise no setor, assim como o maior acidente aéreo de sua história. O contexto de caos gerou inúmeras mobilizações, atos de protestos e a criação de associações civis e militares.

Em 2008, a ANTP – Associação Nacional de Transportes Públicos – e o MDT – Movimento Nacional pelo Direito ao Transporte Público de Qualidade para Todos, realizaram uma reunião a qual resultou um importante passo na luta no setor dos transportes, a decisão de elaborar uma cartilha denominada *Mobilidade urbana e inclusão social*, voltada para lideranças locais dos movimentos populares. Com isso, as entidades civis que organizam o tema dos transportes acionam os movimentos sociais por um lado fundamental, o educativo, e buscam conectar o plano local, onde os problemas são vivenciados, ao plano nacional, à medida que dirigem suas reivindicações principalmente ao Ministério das Cidades. O exemplo a seguir é ilustrativo:

> O MDT, em contato com movimentos sociais e entidades que atuam nas políticas setoriais urbanas, identificou a necessidade de se desenvolver um programa de capacitação para lideranças e agentes sociais, abordando os vários aspectos da mobilidade urbana (cf. www. fórum reforma urbana.listas.rits.org.br – Acesso em 04/08/2008).

■ 2
Movimentos em torno da questão do meio ambiente: urbano e rural

Este eixo abrange movimentos regionais pela preservação ou construção de condições para o meio ambiente: local, regional, nacional e global. Os movimentos culturais dos ambientalistas, os ecologistas, cresceram muito após a ECO 92. O eixo pode ser subdividido em:

1 Movimentos ambientalistas

Neste rol incluem-se movimentos que se misturam ou confundem-se com as ONGS e que se articulam a redes internacionais como o *Greenpeace, Rainforest* ou os movimentos nacionais, SOS Mata Atlântica, Ação Ecológica Chico Mendes, Movimento de Defesa da Amazônia, Conselho Nacional dos Seringueiros etc. Na região Norte brasileira, especialmente na Amazônia, os movimentos de defesa do meio ambiente ultrapassam o território urbano e o próprio território nacional, abrangendo toda a região. É interessante registrar que no início dos anos de 1990 os movimentos ambientalistas eram fortes, mas a maioria já se organizava e apresentava-se como ONG. De um total de 798 entidades que compunham o Fórum das ONGs brasileiras (que elaborou na época um Relatório para a conferência paralela ao evento oficial – a ECO 92), apenas 59 denominavam-se como "movimento", no seu próprio título. E apenas 8 eram associações de moradores. A maioria destes tinha sede em São Paulo/capital (146 entidades), o Rio tinha 117 e Brasília já possuía 36. Temos observado que os movimentos sociais ambientalistas são os que têm o maior potencial de crescimento junto da população, especialmente entre os mais jovens, dado o imaginário de representações que ele desperta, o sonho do verde, do contato com a natureza, um mundo sem poluição etc.

Os movimentos ambientalistas nos lembram que, além da pobreza e do desemprego, a situação ambiental das cidades deve também ser vista como prioritária: lixo, água, esgoto e poluição atmosférica são seus principais problemas. Para alguns urbanistas, a mudança do combustível e a mudança no motor dos automóveis e dos ônibus são indispensáveis. É preciso cuidar não apenas do zoneamento urbano; mas, também, atentar para os Planos Diretores das cidades, aqueles que definem o que será feito com as cidades, e que dizem respeito também aos seus espaços públicos.

2 Movimentos ao redor do tema da água

A água, alertam os especialistas, será o grande problema da humanidade em futuro próximo, se não forem tomadas certas medidas políticas e não forem desenvolvidas novas tecnologias a seu respeito. A sociedade civil ainda não se conscientizou deste problema e os poucos movimentos que tratam do tema são os ambientalistas. Dentre os movimentos sociais que se organizam ao redor da questão dos rios, lagoas e bacias hidrográficas temos os movimentos na região do São Francisco, Amazonas, Rio Paraná, consórcios do ABCD paulista ao redor dos rios Tietê e outros; o Rio Paraíba do Sul, entre São Paulo e Rio de Janeiro. O movimento de defesa e preservação do Rio Piracicaba, no Estado de São Paulo, assim como vários Comitês da Água, são exemplos de lutas que já somam décadas.Vários destes movimentos criaram fóruns e consórcios municipais, intermunicipais e outros. São todos movimentos que criam redes temáticas ao redor do tema da água no planeta Terra, e eles são também movimentos ao redor de questões do saneamento básico. Em vários casos eles se articulam na defesa do meio ambiente e incluem também os movimentos de defesa de animais, especialmente os que estão em extinção. Todos eles fazem a junção do urbano com o rural.

Entre os movimentos e ações sociais ao redor do tema água destaca-se o Movimento Nacional de Atingidos pelas Barragens, contra a implantação de hidroelétricas e outras ações em áreas agrícolas ou de fronteiras para a exploração mineral ou vegetal etc. Trata de movimento de resistência às obras de implantação ou expansão de frentes do capital. Alguns dos grupos que compõem este movimento constam apenas em registros históricos, como memória, pois o grande capital já venceu as resistências, as populações foram desalojadas e transferidas, e as barragens ou usinas, construídas. Recursos naturais milenares, como 7 Quedas, foram destruídos pelo poder do capital, em nome da expansão, crescimento econômico, necessidade de geração de energia etc. O Rio São Francisco encontra-se atualmente exposto a esta ameaça, com o projeto para sua transposição. Com isto, a lógica depredatória se consolida e além dos prejuízos para as populações locais, com a perda de fonte de alimentos e geração de recursos de sobrevivência local, a destruição da cultura e do patrimônio de uma região, os efeitos climáticos das agressões à natureza á se fazem sentir (efeito estufa e outros mais). Na luta das populações ribeirinhas, o movimento que mais tem chamado a atenção pública, até no plano internacional, é o da defesa do Rio São Francisco, contra as obras que objetivam mudar seu curso. Dom Luiz F. Cappio tem sido o grande líder desta luta, arriscando a própria vida em prolongadas greves de fome.

Oceanos e mares têm no Movimento Onda Azul seu defensor. É importante lembrar também que o Brasil é um dos raros países em desenvolvimento que elaboraram um Plano Nacional de Recursos Hídricos. Há também uma longa caminhada a ser feita para a conscientização da população ao redor do uso da água. E o Brasil possui uma das maiores bacias hidrográficas de rios, lagos etc. do mundo, além da região costeira do oceano.

3 Movimentos pela defesa e recuperação do patrimônio histórico-cultural e das estruturas urbanas públicas

Tratam-se de mobilizações e movimentos de recuperação de estruturas ambientais, físico-espaciais (como praças, parques), assim como de equipamentos e serviços coletivos (área da saúde, educação, lazer, esportes e outros serviços públicos degradados nos últimos anos pelas políticas neoliberais); ou ainda mobilizações de segmentos atingidos pelos projetos de modernização ou expansão de serviços. Espalham-se por todo país segundo as demandas. Minas e Bahia e o Nordeste em geral – movimentos de defesa do patrimônio; no Sul e grandes capitais do sudeste e sudoeste concentram-se na temática dos parques públicos e recuperação de seus equipamentos. O jornal O Estado de S. Paulo apresentou em 2009 um levantamento e uma grande reportagem onde se dizia que a memória de São Paulo se revela em pedaços – 40% dos 1.813 imóveis tombados ou em processo de tombamento de toda cidade estavam abandonados, destruídos ou desfigurados (Estado de S. Paulo, 04/01/2009).

Defenda Rio, Defenda São Paulo, Defenda Pacaembu, avenidas, parques etc. são os nomes destas inúmeras iniciativas cidadãs. Destaque: estas mobilizações têm atraído a atenção dos jovens de várias camadas sociais, o que não ocorre com a maioria de outros movimentos sociais. O Movimento Nossa São Paulo, criado em 2007, tem uma linha de atuação bastante interessante – a de acompanhar as ações de governo da municipalidade, desde o início das eleições, via debates e comprometimento com pautas programáticas. Além de fiscalizar o cumprimento das promessas, publicizando esta fiscalização na mídia, em 2009 o Movimento lançou uma pesquisa denominada Irbem – Indicadores de Referência de Bem-Estar do Município. Por meio de um questionário, que será aplicado com apoio de instituições, empresas, escolas, as 600 entidades filiadas ao movimento etc., buscar-se-á saber o que é importante para os cidadãos da cidade. Trata-se de uma nova forma de operacionalizar a catalogação das demandas da sociedade, que não passa pelo filtro e controle dos órgãos públicos, como os OPs – Orçamentos Participativos, importantes, mas circunscritos à dinâmica das secretarias de estado.

4 Movimentos ambientalistas populares

A questão ambiental depois da ECO 92, que até então estava muito localizada nos movimentos ambientalistas, passou a ser uma preocupação também dos movimentos populares de bairro. Isso foi um salto qualitativo muito grande, porque nas demandas e reivindicações dos anos de 1970 e 1980 a questão ambiental não era tão presente como é, hoje, nos movimentos populares propriamente ditos. Estou me referindo aos movimentos mais de bairros periféricos, com córregos a céu aberto, ausência ou coleta irregular do lixo, focos de infecções várias.

5 Movimento de Defesa dos Animais

Na defesa dos animais, das florestas como das águas, há vários movimentos e organizações no Brasil, específicos ou conectados a redes internacionais como o da defesa das baleias, pássaros em extinção, jacarés etc. As tartarugas têm no Projeto Tamar, na Bahia e em Ubatuba, SP, seu grande apoio. O Renctas, "uma organização não governamental que desenvolve suas ações em todo país no combate ao tráfico de animais silvestres. A organização é responsável pela publicação e produção do 1º Relatório Nacional sobre o Tráfico de Fauna Silvestre, no qual foi possível sinalizar o número de 38 milhões de animais retirados todos os anos dos ecossistemas brasileiros para abastecer o tráfico. "Encontrar o equilíbrio entre a necessidade de desenvolvimento e a conservação dos recursos naturais é o maior desafio desse milênio", considera o coordenador-geral da Renctas, Dener Giovanini" (*Newsletter,* Capes, 21/11/2006).

3
Movimentos identitários e culturais: gênero, etnia, gerações

O movimento de gênero, o movimento dos afro-brasileiros e o movimento indígena, movimentos de jovens, idosos etc. são considerados movimentos identitários e culturais porque conferem aos seus participantes uma identidade centrada em fatores biológicos, étnicos/raciais, ou geracional (idade). Nestes últimos se destacam os jovens e seus movimentos culturais expressos, por exemplo, na música, via o *Hip Hop*, o *Rap*; ou movimentos anarco-libertários, herdeiros de tradições do século XIX, e muito presente nas capitais do Sul e Sudoeste do Brasil. Movimentos de meninos e meninas de rua e movimentos de idosos completam os movimentos identitários das gerações.

Castells (1996) assinala que:

> O florescimento de movimentos sociais e culturais – feminismo, ambientalismo, defesa dos direitos humanos, das liberdades sexuais etc. [...] – tiveram um importante papel na conformação da sociedade atual, reagindo de múltiplas formas contra o uso arbitrário da autoridade, se revoltaram contra a injustiça e procuravam a liberdade necessária para a experimentação pessoal. Em sua luta, questionaram as bases profundas da sociedade e rechaçaram os valores estabelecidos, prepararam o cenário para uma ruptura fundamental na sociedade. No entanto, em-

bora esses movimentos sociais fossem em princípio culturais e independentes das transformações econômicas e tecnológicas, seu espírito libertário influenciou, de forma considerável, a mudança para os usos individualizados e descentralizados da tecnologia. Sua cultura aberta estimulou a experimentação, com a manipulação de símbolos e seu internacionalismo e cosmopolitismo estabeleceu as bases intelectuais para um mundo interdependente (CASTELLS, 1996).

Dentre as redes temáticas, os movimentos culturais, identitários são os que mais cresceram a partir dos anos de 1990, assim como foram os que mais receberam a atenção das ONGs. Os programas e os projetos governamentais direcionados para os grupos excluídos, em situação de vulnerabilidade social, também têm procurado focalizar estes grupos. Mas faltam dados para localizá-los enquanto formas ativas e propositivas. Usualmente ocorre o processo inverso: os grupos que recebem as atenções dos programas e projetos são "formados/aglutinados" pelas ONGs. Mas estas entidades localizam-se mais nos grandes centros e uma grande parcela delas atua de forma centralizada, desenvolvendo atividades em suas sedes – localizadas em regiões centrais, e não nas comunidades locais.

1 Movimentos de gênero

1.1 Movimento das mulheres

Estamos de acordo com algumas analistas, como Sonia Alvarez, que usa a dupla nomenclatura movimento feminista e de mulheres. Entendo que são duas categorias – as feministas estão envolvidas nos debates e na organização do campo feminista, interferem nas políticas, participam das coordenalorias e das políticas sociais. Elas têm visibilidade, têm voz e dão voz às mulheres, multiplicam os espaços de atuação das mulheres, estão nas ONGs, nas passeatas, nos protestos etc. Elas levam à frente campanhas e lutas onde as demandas e reivindicações estão centradas nas mulheres propriamente ditas, tais como o câncer de seio e outras doenças que atingem o corpo da mulher, a violência física contra as mulheres, as discriminações no mundo do trabalho, simbólicas e reais, como a salarial, questões sobre o aborto e sexualidade em geral etc. Embora um tanto "voltadas para si próprias", porque o debate é recortado pelas correntes e tendências – elas lutam por ideais e pelo exercício pleno da democracia à medida que têm a questão da igualdade e da liberdade como horizontes da ação coletiva.

O Movimento de Mulheres é mais numeroso, mas quase invisível enquanto movimento de ou das mulheres. O que aparece ou tem visibilidade social e política é a demanda da qual são portadoras – creches, vagas ou melhorias nas escolas, postos e equipamentos de saúde etc. São demandas que atingem toda a população, e todos os sexos, mas têm sido protagonizadas pelas mulheres. Na área da educação formal, por exemplo, principalmente no Ensino Fundamental, pesquisas e estatísticas têm apresentado, há anos, a predominância das mulheres. Mas quando falamos do movimento docente – nas escolas ou sindicatos e associações da categoria, a mulher não tem visibilidade, embora na área da educação a presença das mulheres é ainda hegemônica. É como se o movimento fosse assexuado. A democracia não se viabiliza em seus órgãos de classe porque as lutas, usualmente, ficam no universo restrito, de certa forma até corporativo; o tema das diferenças não emerge em sua dimensão vertical, como estruturas maiores que hierarquizam a sociedade. Os conselhos também não destacam a presença maciça das mulheres. O tema aparece apenas em sua dimensão horizontal: diferenças entre categorias, comparação entre conquistas localizadas.

Em relação à participação da mulher em cargos na política pública, estatísticas têm demonstrado que ainda são casos isolados. Embora o simples acesso das mulheres aos cargos de representação pública não signifique mudança substantiva, se as estruturas de poder continuarem a funcionar do mesmo jeito. A mulher tem que introduzir seu modo de ser na gestão, e não desempenhar apenas um papel planejado por homens para ser ocupado também por homens. E há ainda outra forma de invisibilidade das mulheres, aquela que é gerada pelo cruzamento das temáticas – por exemplo, na questão indígena. Trata-se de um movimento identitário, de forte conteúdo cultural, mas quando falamos do movimento indígena ou dos indigenistas, só a figura do índio, do macho aparece. E as índias? Como aparecem nestas representações, políticas e culturais, nos estudos, políticas? Se adentrarmos ao campo da Antropologia e dos estudos culturais, observamos desde os estudos de Malinowiski o papel importante das mulheres nos grupos tribais. E o papel específico e importante das mulheres ainda é presente e muito forte entre várias tribos, grupos e nações indígenas. Em alguns casos elas detêm papéis dentro das comunidades indígenas que são frutos de mitos, tradições e ritos, preservados e repassados de mãe para filhas, só concedidos ou considerados como atributos das mulheres. Só elas podem operar estas ações. A identidade da mulher indígena encontra dificuldades para se construir porque o próprio Estado elabora políticas que fragmentam as causas sociais.

Quais são as principais ações coletivas onde encontramos o protagonismo das mulheres? As respostas iniciais são: as mulheres estão nas redes associativas e de mobilização estruturadas em ONGs – Organizações Não Governamentais, nas associações de bairro e as associações comunitárias, em entidades assistenciais, nas organizações criadas por empresas a partir de políticas de responsabilidade social, em organizações populares que atuam junto de mediadores como as entidades articuladoras e fóruns, nos movimentos sociais propriamente ditos, e nos diversos conselhos de gestão pública compartilhada existente. As mulheres são maioria nos movimentos feministas, nos movimentos populares de luta por melhores condições de vida e trabalho, e nas redes e fóruns transversais que ultrapassam as fronteiras nacionais. Nos movimentos organizados segundo a temática do gênero, as mulheres se destacam por serem as que têm tido os maiores índices de participação e de organização de suas demandas em entidades associativas (certamente que estamos considerando nos movimentos de gênero a presença feminina e a masculina).

As mulheres sustentam também, majoritariamente, as redes solidárias de projetos sociais que trabalham no campo da economia solidária, a exemplo das Mulheres Quebradeiras do Coco Babaçu, que abrange vários estados do Norte e Nordeste como Pará, Tocantins, Piauí e Maranhão. Algumas destas entidades surgiram das CEBs – Comunidades Eclesiais de Base, dos anos de 1980, a exemplo da Asmim – Associação de Mulheres de Igarapé-Miri, no Pará.

As mulheres estão na luta pela inclusão de crianças e adolescentes nas ruas; como educadoras nas escolas articulam-se com grupos comunitários e desenvolvem trabalhos contra a violência e o uso de drogas. Portanto, quer como grupos de mobilizações de causas femininas, quer como participação feminina em diferentes mobilizações, as mulheres têm constituído a maioria das ações coletivas públicas. O conjunto destas ações une categorias sociais e cria sujeitos sociais coletivos que produzem movimentos sociais. Entretanto, apesar desta presença toda, existe uma invisibilidade da atuação das mulheres em vários setores, inclusive em movimentos sociais que se dedicam a outras causas sociais. No início dos anos de 1990, a saudosa Beth Lobo já afirmava: "frequentemente as análises ignoram que os principais atores nos movimentos populares eram, de fato, atrizes" (SOUZA-LOBO, 1991: 247).

Mas as mulheres se preocupam com a divulgação de suas causas na mídia há longo tempo. Estudos indicam sua presença no Brasil desde o século XIX, às vezes em mídias conservadoras. *O Jornal das Senhoras*, lançado no Rio de Janeiro em 1852, destacava as necessidades e capacidades das mulheres. Em 1862, teve-se *O belo sexo*, e, em 1873, *O sexo feminino*, dirigido por Francisca Senhorinho Motta, em Minas Gerais, que já naquela época conclamava as mulheres a tomar consciência de sua identidade e direitos! Defendia a educação para as mulheres, direito de voto e abolição da escravatura. O direito ao voto e o divórcio foi pautado por Josefina Alves de Azevedo no jornal *A Família*, por ocasião da Constituinte de 1891, tendo o deputado Lopes Trovão como o defensor da causa. No início do século XX, alguns jornais feministas circularam em São Paulo como *A Mensageira*, *Anima Vita*, *A Família* etc. Mas será apenas nos anos de 1970 daquele século, já no contexto das campanhas pela Anistia, luta contra o regime militar, Ano Internacional da Mulher de 1975, I Encontro Nacional Feminista em 1978, realizado no Rio de Janeiro, etc. que a publicação de jornais feministas cresceu a exemplo de *Brasil Mulher*, *Nós Mulheres* e *Mulherio* – este último já nos anos de 1980, assim como o Comulher – Comunicação Mulher, de 1985? (cf. mais em TELES, 2006). Aí já estávamos na fase movimentalista, dos novos movimentos sociais identitários, e várias conquistas foram implantadas gradualmente, como os Conselhos da Condição Feminina, até chegar a uma secretaria Especial de Políticas para as Mulheres, neste novo século – que criou o excelente *slogan* "Faz diferença acabar com a indiferença", e publicações como *Maria Ma-*

ria, Revista do Unifem – Fundo de Desenvolvimento das Nações Unidas para a Mulher.

As mulheres, enquanto "atrizes principais" das ações coletivas, são também um novo e possível modo de recomposição do mundo. Para Touraine, as mulheres, por terem vivido a dominação em suas experiências, poderão vir a ter ações mais gerais, de recomposição de todas as experiências individuais e coletivas. *O mundo das mulheres* é o título do livro que ele escreve para analisar o novo protagonismo da mulher na sociedade (TOURAINE, 2007). Para este autor, nada autoriza afirmar que a mulher é uma categoria definida por uma série de atributos; e o mesmo vale para os homens. Sabemos que as lutas das mulheres para se constituírem como sujeitos históricos datam de vários séculos. Pesquisas têm destacado o papel das mulheres desde sociedades antigas e primitivas. Mas foi com o feminismo que elas geraram uma visibilidade pública, formaram um coletivo. Nos movimentos organizados segundo a temática do gênero – um dos momentos do movimento feminista, as mulheres se destacam por terem tido os maiores índices de participação e de organização de suas demandas em entidades associativas. Grupos de mulheres foram organizados nos anos de 1990 em função de inúmeros campos da vida cotidiana: sua atuação na política – via processos eleitorais ou lutas via a construção, acompanhamento e promulgação de políticas públicas, tais como o longo processo legislativo que resultou na Lei Maria da Penha, uma conquista no campo da punição a homens machistas e violentos, na violência com agressões físicas que praticam contra as mulheres. Ainda no campo das políticas, inúmeras redes de conscientização direitos foram criadas, assim como frentes de lutas contra as discriminações no mercado de trabalho e no cotidiano em geral, delegacias e SOS de defesa etc. são exemplos das inúmeras lutas das mulheres que se aprofundaram no século XXI. Segundo Fraser, as ações das mulheres devem ser vistas também sob a ótica de lutas por reconhecimento (FRASER, 2001). Antrobus (2007) estuda o movimento das mulheres, especialmente as pertencentes às camadas populares, sob a perspectiva do movimento de alterglobalização.

As marchas das mulheres no século XXI

Dados empíricos sobre movimentos sociais e organizações associativas da sociedade civil têm demonstrado que as mulheres são o contingente principal dentre aqueles que se mobilizam para a luta por questões coletivas, no âmbito público, embora elas sofram inúmeros constrangimentos no âmbito privado, em suas próprias casas. Segundo o boletim da Abong – Associação Brasileira de ONGs, atualmente:

> as mulheres representam dois terços dos 876 milhões de adultos analfabetos do mundo. Elas são mais da metade da população mundial e produzem metade dos alimentos do mundo, apesar de serem proprietárias de somente 1% das terras produtivas. Pesquisas da ONG Care têm demonstrado que quanto mais tempo uma jovem fica na escola, maior será a renda de sua família quando ela se tornar adulta. Em resumo, o fortalecimento das condições das mulheres é crucial como primeira ação para as mudanças nos países mais pobres do mundo (*Informes Abong*, 368, 11/10/2006).

Observa-se na América Latina uma rearticulação de lutas e movimentos sociais que se opõem ao modelo econômico vigente e a situação de desemprego e miséria que as políticas neoliberais têm gerado nas últimas décadas. E são as mulheres as grandes atrizes que têm realizado esta junção – causas estruturais/econômicas e causas específicas vividas pelas mulheres. As mulheres estão colocando os movimentos sociais novamente em cena, reivindicando entretanto sua visibilidade. A partir do ano 2000, as mulheres têm realizado Marchas – em 2001 participaram da 1ª Grande Marcha Mundial das Mulheres (MMM), com 20 mil participantes. Em 2003, na 2ª Marcha, calculou-se em 40 mil o número de participantes. Em 2005, o MMM lançou em São Paulo, no dia Internacional da Mulher, a "Carta Mundial das Mulheres para a Humanidade", com a presença estimada de 30 mil mulheres, de 16 estados brasileiros. Segundo Scherer-Warren:

> o MMM é um caso emblemático de luta transversal de direitos para a América Latina e para a sociedade global. O MMM teve sua origem no movimento de mulheres e caracteriza-se por ser um projeto de mobilização social no qual participam ONGs feministas, mas também comitês e organismos mistos de mulheres e homens que se identificam com a causa do projeto. Esta causa parte de uma discriminação de gênero, mas se associa à luta contra discriminações e exclusões sociais em outras dimensões, especialmente em relação à igualdade, solidariedade, liberdade, justiça e paz (SCHERER-WARREN, 2005: 116).

Movimentos populares também organizaram marchas de mulheres, desde marchas localizadas, como a Marcha das Helenas, realizada no Amapá em 2008, pelo fim da violência contra as mulheres, à já conhecida Marcha das Margaridas, organizada por mulheres sem-terra. No MST – Movimento de Trabalhadores Sem-Terra, cujo nome não incluiu ainda o termo trabalhadora, desde os anos de 1990 tem realizado várias aproximações para incluir as mulheres. Em 1996 criou o Coletivo Nacional da Mulher do MST e em 1999 o renomeou como Coletivo Nacional de Gênero. As mulheres dos assentamentos já tiveram inúmeros problemas para ter o direito de

propriedade dos lotes porque até pouco tempo atrás os registros eram para "o chefe" da família, cadastrando-se o homem –
e para uma só pessoa. A mulher só era registrada na impossibilidade do marido ou no caso de cessão de direito – comum
nos estados do Nordeste onde os homens migram para o Sul e
deixam as mulheres cuidando das terras. Litígios e separações
também deixavam as mulheres em situação difícil, sem o direito à propriedade de que ajudou a cuidar. Uma Portaria do
Incra de 2003 declarou obrigatória a titularidade da terra em
nome do homem e da mulher.

As mulheres têm tido também presença ativa e numerica
mente superior aos homens nas várias edições do FSM – Fó
rum Mundial Social. Elas têm organizado e participado de
centenas de atividades deste Fórum. O 8 de março de 2007 fo
celebrado no Brasil com inúmeras marchas e manifestações
de protestos das mulheres, contra o presidente norte-ame
ricano George Bush, que visitava o Brasil justamente naquel
dia. A política ganhou centralidade nas comemorações nest
ano, antes destacavam mais os tópicos específicos das mulhe
res. No Fórum Social Mundial de 2009, mulheres de diferen
tes organizações e países lançaram um manifesto onde se po
sicionam, entre outras demandas e protestos, contra a cris
econômica e financeira mundial. Elas assinalam:

> *Frente a estas crisis no nos interesan las respuestas pa
> liativas basadas en la lógica del mercado que sólo pue
> den llevar a la sobrevivencia del sistema. Necesita
> mos avanzar en la construcción de alternativas. Par
> la crisis climática y energética, nos oponemos a soluc
> ones por medio de agrocombustibles y de los mercado
> de créditos de carbón. Nosotras mujeres feminist
> proponemos el cambio del modelo de producción
> consumo. Frente a la crisis alimentaria afirmam
> que los transgénicos no representan una solución. N*

estra propuesta es la soberanía alimentaria y el desarrollo de la producción agroecológica.

Frente a la crisis financiera y económica, nos pronunciamos en contra de los millones retirados de los fondos públicos, para rescatar bancos y empresas. Nosotras feministas reivindicamos la protección del trabajo y el derecho a una renta digna (Declaración de la Asamblea de los Movimientos Sociales, FSM 2009 – Belém).

1.2 Movimento dos Homossexuais

Ainda na temática gênero, o movimento dos homossexuais cresceu no Brasil na última década e também ganhou impulso nas ruas, organizando passeatas e atos de protestos. Numa sociedade marcada pelo machismo isso é também uma novidade histórica. O movimento homossexual tem demandas específicas e diferentes dos movimentos nucleados sob a perspectiva de gênero, que trata mais das relações sociais entre homens e mulheres. Gays, lésbicas e transexuais não são apenas discriminados. Eles são criminalizados, alvos de atentados à vida, são perseguidos e morrem em atentados de grupos fascistas e nazistas.

A atuação do grupo Somos em 1978 e a criação do jornal Lampião da Esquina, em São Paulo, são considerados como marcos no início da luta política dos homossexuais no Brasil (MacRAE, 1990). Desde o início as ações estiveram articuladas às lutas das feministas e com manifestações de outros movimentos sociais. A presença da Aids a partir de 1983 no Brasil deslocou o foco das ações do movimento para o combate e prevenção. A criação do grupo Gapa, em 1985, dos grupos Triangula Rosa, Lambda etc. foi nesta direção. Será na década de 1990 que o movimento se rearticulará, participando de vários congressos específicos (cf. COSTA SANTOS, 2007). Em 1995 foi criada a ABGLT – Associação Brasileira de Gays, Lésbicas e Travestis. Desde então o movimento cresceu.

A partir de 1996, anualmente, realiza-se a Parada Nacional do Orgulho GLBT – Gays, Lésbicas, Bi e Transexuais considerada a maior do mundo, superada apenas pela de São Francisco na Califórnia. Em 1996 foram 500 participantes, que foram até vaiados na rua. Em 1997 já contou com dois mil participantes; em 2005 a Parada reuniu 2 milhões de pessoas, e, em 2006, 2 milhões e 300 mil pessoas estiveram na Av. Paulista e caminharam até o centro da cidade, num evento com ampla cobertura da mídia, apoio de órgãos oficiais e parte do calendário oficial de eventos da cidade. A Parada de 2006 teve como tema "Homofobia é crime". Em 2007, segundo os organizadores, a Parada teve 3 milhões e meio de pessoas e se consolidou como a maior expressão do movimento no Brasil. Em 2008 e 2009 a Parada não ganhou a mesma visibilidade na mídia como nos anos anteriores. A parada anual reúne ativistas e simpatizantes e movimenta também grandes recursos na área comercial (hotéis e restaurantes). Apesar de grandes manchetes na mídia, já nos dias que a antecede infelizmente a preocupação da maioria dos jornalistas que cobre o evento tem sido com o espetáculo: fotos exuberantes, de homens e mulheres beijando. O tema da intolerância e do preconceito, pauta d parte dos grupos organizadores, fica sempre nas entrelinhas Como já nos disse Einstein "é mais fácil desintegrar um átomo do que um preconceito".

Em 2008, durante a 1ª Conferência Nacional de Gays Bissexuais, Travestis e Transexuais, realizada em Brasília, sigla do movimento mudou de GLBT para LGBT – Lésbicas Gays, Bissexuais, Travestis e Transexuais. Segundo os organizadores a mudança atendeu à reivindicação antiga das lésbicas e seguiu o padrão internacional. Esta conferência de marcou também a proposta do movimento a entrar no circuito das políticas públicas, ao propor um plano nacional para a comunidade LGBT e a criação de um conselho nacional e de uma subsecretaria no governo federal, que ficaria subordinada à Secretaria Especial de Direitos Humanos da Presidência da República.

Destacam-se também, ao citarmos movimentos de gênero, que eles têm sido grandes estimuladores de debates sobre as teorias do reconhecimento, tema de ponta na Teoria Crítica de Axel Honneth (2003), Nancy Fraser (2001) e muitos outros.

1.3 Movimentos de jovens

Os jovens também geraram inúmeros movimentos culturais, especialmente na área da música, enfocando temas de protesto. O *rap*, o *punk*, o *hip hop*, a cultura de rua como o *break*, grafite, ou ser um DJ têm mobilizado mais os jovens em termos de galeras do que de movimentos sociais. O movimento *hip hop* constrói suas práticas articulando a temática étnica racial, o orgulho da herança afrodescendente e a politização de um discurso estético. Ideais de autorrealização e contestação estão presentes nesse movimento, que trabalha memórias e representações ao redor da questão do reconhecimento, entendida nos termos de Honneth (2003), que toma por base, entre outros, a dimensão do emocional construída em torno das relações intersubjetivas de reconhecimento mútuo. O desrespeito, a violência, o abuso, insultos etc. podem motivar reações e resistência. Embora seja uma cultura originária do exterior, o *hip hop* desenvolveu-se no Brasil com formas diferentes. Em São Paulo e outras cidades paulistas, como Campinas, os grupos foram bastante estimulados pela ação do próprio poder público, via apoio de suas secretarias de cultura. Já no Rio de Janeiro, por exemplo, o *hip hop* fincou raízes entre os grupos populares. A cidade de Deus, por exemplo, foi o cenário carioca com o primeiro Festival *Hip Hop*, nos anos de 1990. O grafite, a poesia cantada e a dança *break* inscrevem-se também como instrumentos de luta social e afirmação e busca de inclusão social, moral e a recriação da personalidade individual, (recriação do *self*, nos termos de Honneth). As mais conhecidas correntes do Movimento *Hip Hop* no Brasil são: O MH20, a Frente Brasileira de *Hip Hop*, os Quilombos Urbanos, o PPPOMAR – Partido Popular Poder para a Maioria, que se autodenominam como partido porque querem defender uma política afirmativa para os negros, e a Cufa – Central Única das Favelas. Bandas como Geração Futura do *rapper* MVBill, o *Afro-Reagge* e a O Rappa ajudaram a difundir o *hip hop* por todo o Brasil.

A partir deste novo século, o *hip hop* foi incorporado na agenda das políticas sociais voltadas aos jovens; como um dos projetos sociais prioritários de várias ONGs em oficinas e programações, e os próprios grupos de *hip hop* passaram buscar a publicização de suas ações, que foram se tornando "midiáticas". As ações de rua passaram a ser expressões legítimas do uso de uma esfera pública de reconhecimento. O uso da tecnologia digital conectou o movimento em redes nacionais e globais. Reivindicações estéticas fundiram-se com demandas políticas e ganharam sentido enquanto aspirações de reconhecimento e justiça social. Este processo ocorre, entretanto, de forma despolitizada porque ele se faz associado a uma cultura de massa globalizada, que dilui e fragmenta os sujeitos coletivos e suas identidades de classe ou de oprimidos, para glamorizá-los como herdeiros de uma cultura que está sendo revalorizada etc. O grafite, por exemplo, de pichação transformou-se em estética criativa e empresas privadas como Motorola, Louis Vuiton, Ellus, Fórum, Adidas, Calvin Klein

Skol, Gradiente, Nestlé e Nike passaram a recrutar o trabalho gráfico de grafiteiros, que adentram às galerias de arte.

Registram-se também no novo século movimentos de solidariedade e apoio a programas com meninos e meninas nas ruas e adolescentes que usam drogas. Como movimentos sociais destacam-se ainda inúmeros coletivos e organizações anarquistas. Existe até um Fórum do Anarquismo Organizado, assinado por nove coletivos que mobilizam os jovens via internet. Alguns focalizam uma bandeira específica, como o Movimento Passe Livre. Outros são coletivos de desobediência civil. É importante destacar que o índice de exclusão social é grande entre os jovens. Dados de 2003 indicaram: 43% estão fora da escola e 53% dos que estudam fazem-no em período noturno. O lazer prioritário deles é ir aos *shoppings* (mais periféricos); muitos se tornam pais ou mães muito cedo, e há muitos problemas de drogas, violência e baixa autoestima. Cursos de inclusão digital têm se tornado uma modalidade muito frequente na oferta de programas que promovam a inclusão social. Mas um grande problema é que muitos cursos são ofertados por instituições criadas recentemente, sem nenhum outro programa que dê suporte para uma formação desses jovens (cf. *Folha de S. Paulo* – Caderno especial sobre jovens, 24/08/2003).

Fernando Silva, do Centro de Cultura Luiz Freire (PE) e presidente do Conselho Nacional dos Direitos da Criança e do Adolescente (Conanda) no triênio 2005-2006, representando a Abong, afirma:

> pelo Estatuto da Criança e do Adolescente a aprendizagem vai até 16 anos. Contudo, a Lei 11.180/05 – que criou a Escola de Fábrica – estabeleceu que a faixa etária para aprendizagem vai dos 14 aos 24 anos. "O Conanda entende que esta Lei não é positiva para

o adolescente aprendiz por alargar a faixa etária, criando inibição para a contratação de adolescentes na condição de aprendizado", destaca Silva (Boletim da *Abong*, 372, 2006).

O número e movimentos e entidades que desenvolvem trabalhos com os jovens tem crescido muito na última década no Brasil, assim como projetos sociais voltados para os jovens. Esses projetos têm se transformado no eixo básico de muitas ONGs e, em casos, ele passa a dar nome à própria ONG como o Projeto Axé na Bahia, ou O Projeto Arrastão, por exemplo, desenvolvido na região de Campo Limpo/São Paulo, atrai jovens para dança, esportes, artes etc. ou o Projeto "Cala Boca Já Morreu", uma rádio para crianças e adolescentes; "Meninos do Morumbi" e centenas de outros.

Usualmente lemos em relatórios ou na imprensa dados que apresentam os índices de desemprego entre os jovens – sempre os mais altos. Segundo o Ipea, o índice era de 46,6% em setembro de 2006, em seis regiões metropolitanas brasileiras. Em 2004, o desemprego entre jovens de 16 e 17 anos, para todo o Brasil, era de 24,2%. Os índices de violência praticados por jovens, no quadro geral dos tipos de violências existentes contra os cidadãos e o patrimônio, também têm sido dos mais altos. O estranho é localizarmos no plano do mundo do trabalho uma das causas da violência e outras mazelas sociais porque estes jovens, dos 15 aos 24 anos de idade, deveriam estar em escolas, realizando sua formação, e não trabalhando. Contabilizá-los no universo dos desempregados, como causa e parte da questão social no Brasil, para esta faixa etária, é fazer uma análise parcial que escamoteia o problema das desigualdades. Os jovens que não estão na escola, e estão desempregados ou em situação de vulnerabilidade, usualmente são os pobres ou camadas médias baixas.

Formar comunidades educativas é umas das saídas para combater o mundo da droga, violência e criminalidade entre os jovens. O campo das artes e a música em especial oferecem um oceano de oportunidades. Mas não se trata apenas do *hip-hop, rap* e outras faces das modernas formas de expressão do protesto dos jovens. Há que se buscar as raízes culturais destes jovens e não apenas o modelo importado, com modismos que foram criados para incluir outras culturas, ou para modelar uma cultura global. Uma outra urgência: incluir na estrutura curricular das escolas disciplinas que trabalhem a formação e o desenvolvimento de valores, baseadas em princípios da solidariedade, ética, justiça social, cidadania, respeito ao outro, reconhecimento das diferenças socioculturais etc. Articular à escola com entidades que desenvolvem projetos e programas de educação não formal é outra grande saída para a educação básica no Brasil. É preciso cursos de formação críticos e competentes, não outras "Moral e Cívica" dos anos de 1960, que só iria afastar ainda mais os jovens das escolas. Eles poderão se tornar os novos "párias urbanos", nos dizeres de Wacquant (2007).

No Brasil atual, o desenvolvimento de Projetos Sociais com crianças e adolescentes, ou, simplesmente, com jovens, constitui a principal frente de atuação de ONGs e outras associações civis, atuando em redes ou isoladamente. A dinâmica de trabalho em um grupo organizado ao redor de um projeto social é, certamente, completamente diferente da dinâmica de um movimento social. Avaliações, impactos, resultados e desafios são partes do roteiro a ser seguido pelas entidades em seus projetos de intervenção direta. A nova realidade no campo do associativismo onde se localizam as instituições inscritas tem como pressuposto um modelo diferente daquele que ocorreu no Brasil nos anos de 1980, a era movimentalista, dos movimentos sociais. Atualmente, mobilizar pessoas envolve não apenas um chamamento para uma ação diretamente relacionada com um interesse de sua categoria ou classe social. No novo paradigma, mobilizar as pessoas deve ser uma tarefa integral: mobilizar corpos, emoções, pensamentos e ação de forma a provocar mudanças nos hábitos e no comportamento dos indivíduos, alterando o resultado de sua participação social, inserindo-o na comunidade próxima, colaborando para desenvolver um "espírito comunitário". No novo paradigma, não importa a ideologia política. Algumas propostas têm objetivos explícitos: criar sujeitos políticos ativos com capacidade de intervir no econômico (leia-se economia informal), para melhorar a sua qualidade de vida e a da sua família. Algumas pesquisas têm indicado uma baixa participação social ou cultural do público atendido e suas famílias. A religião ainda é o espaço de participação maior, fora do campo moradia-trabalho. Falta muito ainda para criar um sentimento de pertencimento mais amplo nas comunidades atendidas, falta articular instituições e projetos sociais. Falta criar comunidades educativas de fato (cf. mais em GOHN, 2007).

A nova realidade produzida pela ação de parcerias ou interação da sociedade civil organizada com órgãos públicos, empresas, ONGs etc., nos inúmeros projetos sociais, especialmente os destinados às crianças e jovens, é pouco conhecida dos brasileiros e maioria das universidades enquanto instituição, assim como têm recebido pouca atenção dos pesquisadores e intelectuais de uma forma geral. Esta faceta nova do Brasil apresenta grupos, instituições e coletivos socioculturais atuando sobre pontos centrais da questão social, com crianças e adolescentes que vivem em zonas urbanas desfavoráveis, excluídas socioeconomicamente. O Brasil desenhado por estes coletivos traz para o palco atores e sujeitos desconhecidos, projetos sociais desenvolvidos nas zonas periféricas das grandes capitais, em favelas, e em cidades que nem sonhávamos que existiam. Outras, nem tão desconhecidas, mas em locais longínquos, revelam-nos, via projetos sociais que lá se desenvolvem, toda a riqueza da cultura local.

Os projetos sociais trazem à tona também profissionais atuando como educadores sociais, que direcionam suas carreiras e vidas para novos rumos, fora de empregos estáveis, bem remunerados e bem localizados – em extinção. A maioria destes educadores tem curso superior completo, formada em áreas das ciências humanas, composta por mulheres, idade média ao redor de 30 anos, e mais de 5 anos de experiência em trabalho com projetos sociais. Muitos deles(as) nasceram em locais de pobreza econômica, até mesmo em favelas, alguns foram criados em instituições caritativas. Por meio do estudo e esforços, emanciparam-se economicamente e hoje são professores de escolas públicas, profissionais liberais ou trabalham em projetos sociais apoiados por órgãos públicos. As marcas de suas trajetórias criaram uma identidade cultural que inclui a solidariedade e o olhar para os excluídos da atualidade. Artes plásticas, visuais e corporais predominam como linguagens mais utilizadas.

1.4 Movimento dos Idosos

Quando se fala dos idosos deve-se considerar que, em relação à velhice, estão em curso vários fenômenos: o aumento da população idosa; o aumento da disponibilidade para o trabalho voluntário entre os idosos, devido ao reconhecimento da importância desse trabalho; o crescimento do número de pessoas aposentadas e o surgimento de movimentos sociais dessa categoria; a constituição de um mercado de consumo entre os idosos nas áreas de turismo, recreação e educação não formal (os cursos para a Terceira Idade); o surgimento de instituições e organizações especializadas no trabalho com idosos, os efeitos da promulgação do Estatuto do Idoso, da Lei do Voluntariado etc. Nos anos de 1990 surgiram novos movimentos populares que não tinham tanta presença nos anos de 1980, como a própria questão dos idosos e os aposentados da previdência pública

O movimento dos idosos tem sido impulsionado pela ANG – Associação Nacional de Gerontologia Social. Inúmeros fóruns, seminários, rodas de encontros têm sido organizados pela ANG/SP, tratando temas que vão da saúde do idoso às políticas públicas e sua imagem na mídia. A associação teve papel importante no encaminhamento e aprovação do Estatuto do Idoso, assim como na regulamentação do Conselho do Idoso. A ANG é composta predominantemente por mulheres. A maioria dos portadores de algum tipo de deficiência física ou mental no Brasil é composta por mulheres, segundo pesquisa feita pela FGV/SP (NÉRI, 2006).

Em síntese, o olhar atento à questão social no Brasil, do ponto de vista das gerações e suas idades, nos revela uma intensa rede de mobilizações nos últimos dez anos, que não existia antes. Parte destas mobilizações é produzida pela própria sociedade civil e as novas conjunturas sociais e culturais. Mas grande parte é produzida ou impulsionada pelos novos órgãos e instrumentos normativos promulgados pós-Constituição de 1988, a exemplo do citado Estatuto do Idoso, a implantação do Suas – Sistema Único de Assistência Social, o Programa de Proteção Social Básica e Especial à Pessoa Idosa, a Loas – Lei Orgânica da Assistência Social, assim como as Conferências Nacionais da Assistência Social, o ECA – Estatuto da Criança e do Adolescente, a Reforma Sanitária que levou à criação do SUS – Sistema Único de Saúde. A estas estruturas devem-se agregar: as câmaras setoriais da construção civil, as câmaras dos usuários do sistema de transportes coletivos, as câmaras setoriais tripartites na indústria automobilística, as experiências de orçamento participativo em diferentes cidades brasileiras e outras políticas públicas etc. Todos juntos têm levado a criação de diferentes políticas sociais via conselhos gestores de políticas dos direitos dos idosos, das crianças e adolescentes, da mulher, das pessoas portadoras de deficiências etc., tanto no plano nacional como no estadual e nos municípios. Essas formas de colegiados são estruturas de mediação entre o Estado e a sociedade civil, e exemplos vivos da conquista e força da participação organizada dos cidadãos(ãs). De um lado, observamos que se trata da geração de espaços de negociação e de equacionamento de conflitos de interesses, reflexo do surgimento de uma cultura participativa nova na sociedade brasileira. De outro, na operacionalização efetiva destes espaços nos últimos anos, temos todos os problemas levantados no início deste livro, quando da análise do cenário resultante da relação da sociedade civil com o Estado, e o predomínio das políticas sociais integradoras, conservadoras.

2 Movimentos étnico-raciais

2.1 Movimento Afrodescendente

Este movimento nos últimos anos deixou de ser predominantemente movimento de manifestações culturais para ser também movimento de construção de identidade e luta contra a discriminação racial. Algumas datam do final dos anos de 1970, como o Movimento Negro Unificado, que atua nacionalmente; outros são de criação recente como o Conen – Coordenação Nacional de Entidades Negras, e o Movimento Brasil Afirmativo. Em 2000 criou-se o Troféu Raça Negra pela ONG Afrobras para homenagear não apenas líderes ou heróis negros, mas para também prestar homenagens àqueles que lutam pela causa dos negros. As bandeiras de lutas que têm mobilizado inúmeras entidades nacionais da categoria, desde 2002, têm sido a do Estatuto da Igualdade Racial e a questão das cotas nas universidades. A maioria das entidades locais apresentam como uma de suas bandeiras principais a melhoria do ensino na escola pública. Outra conquista importante foi a declaração do dia 20 de novembro como Dia da Consciência Negra, em homenagem à morte do líder Zumbi dos Palmares, em 1695. Várias cidades brasileiras têm decretado feriado neste dia. O Quilombo Zumbi dos Palmares é o mais emblemático do país.

Nos últimos anos a organização dos Quilombolas tem ocupado as atenções do movimento afrodescendentes a exemplo das Comunidades Negras Quilombolas, Conaq – Coordenação Nacional de Articulação das Comunidades de Quilombos e Aconeruq – Associação das Comunidades Negras Rurais Quilombolas do Maranhão. A Fundação Palmares – órgão ligado ao Ministério da Cultura – apontou em 2009 a existência de 3.524 comunidades de Quilombolas, mas somente 1289 estavam reconhecidas oficialmente. Os estados com o maior número de comunidades reconhecidas são: Bahia, Maranhão, Minas Gerais, Pará e Pernambuco. O Censo do IBGE de 2000 registrou que 69.649.861 pessoas se classificavam como negras ou mulatas. Em abril de 2009 o país ganhou seu primeiro quilombo urbano, curiosamente na cidade de Porto Alegre, pertencente a um estado onde o movimento afro tem pouca visibilidade, dada a forma de colonização predominante do imigrante branco e europeu. Usualmente se esquece que inúmeros negros que participavam nas guerras do império com os países das fronteiras, Uruguai e Paraguai, por lá ficaram (esquecem-se também de que o Rio Grande do Sul é pátria de um dos grandes jogadores de futebol do Brasil atual – Ronaldinho, negro).

Atualmente o governo federal desenvolve uma série de programas e projetos focalizados nas comunidades quilombolas do Brasil, inclusive cursos denominados de capacitação na área da alimentação escolar, como parte do Pnae – Programa Nacional de Alimentação Escolar. Observa-se aqui o cruzamento de uma rede temática (étnica) com a rede social (questão alimentar). O Prouni – Programa de cotas para alunos descendentes de negros, índios e pobres, em universidades particulares, é outra ação de apoio governamental. No campo da educação, São Paulo conta com a primeira universidade para negros – a Universidade da Cidadania Zumbi dos Palmares, além de uma Rede de Pré-Vestibulares comunitários, o Educafro – Educação e Cidadania de Afrodescendentes e Carentes, apoiado pela Sefras – Serviço Franciscano de Solidariedade, departamento da Província Franciscana da Imaculada Conceição do Brasil, uma associação religiosa sens fins lucrativos.

Em termos de prospecção, a organização dos afrodescendentes tende a crescer no Brasil, assim como a adesão da sociedade quanto à necessidade de políticas específicas visando combater as discriminações e as desigualdades. Um indicador é o número de participantes da Parada e Marcha Negra realizada em São Paulo. Em 2005 houve a Marcha com 1.500 pessoas. Em novembro de 2006, houve a Marcha Negra e a Parada (uma concentração no vão do Masp), reunindo 12 mil pessoas na Av. Paulista. As pressões pela adoção de cotas e pelo Estatuto da Igualdade Racial são muito fortes no Brasil atual. A proposta do Estatuto prevê cotas para o ingresso dos afrodescendentes no funcionalismo público, o desenvolvimento da sua produção cultural, o ingresso nas universidades federais 9 e não só nas particulares, via o Prouni) e a participação de negros nos meios de comunicação. Entretanto, propostas de aumento de ações afirmativas e critérios sociais e não raciais têm sido defendidas como forma de não se introduzir outro tipo de discriminação oficial visando corrigir distorções que estão na estrutura socioeconômica do país, estrutura esta que impede os mais pobres de terem acesso à universidade e/ou a uma boa formação que lhe possibilite desenvolvimento profissional. Trata-se de temas tão polêmicos como o da existência ou não do conceito de raça e de racismo do país. O dado real é este: precisa-se alterar a cultura e a mentalidade sedimentada em grande maioria dos brasileiros em relação aos afrodescendentes. Não se trata apenas de apagar os crimes cometidos no passado escravocrata, trata-se também de fazer da igualdade um direito de fato e não virtual ou nas letras. O direito de não ser discriminado, de não ser humilhado ou ter de passar vergonha. O preconceito já é legislado como crime hediondo. A política se faz tanto com a reivindicação de direitos como pela afirmação de identidades. A primeira é sempre universalista. A segunda, se não for bem conduzida, poderá gerar a defesa de interesses particulares, pois, por definição, a identidade remete às particularidades. Mas, se entendermos estas particularidades como singularidades de um grupo social, sairemos do campo dos particularismos para o da valorização das culturas, das especificidades de cada grupo étnico.

2.2 Movimento Indígena

Os indígenas detêm saberes sobre a floresta, tanto da arquitetura de seu território como de suas matas e animais. Crescem e socializam-se neste ambiente, têm com a terra uma relação que não passa pela ideia de propriedade. É algo também do mundo simbólico, do sagrado. A "mãe natureza", a terra e a água têm estatuto divino, são "deusas". Aprenderam a conviver com harmonia. Conhecem as plantas e seus efeitos medicinais.

Segundo dados do Instituto Socioambiental (2006), há no Brasil 225 etnias ou povos indígenas, com uma população de 600 mil pessoas, ocupando cerca de 1,08 milhão de km² (12,74% do território nacional), vivendo em aldeias. A maioria dos povos é composta por até 500 pessoas (49,55%), e só 9% tem entre 5 a 20 mil pessoas. Existem cerca de 180 línguas diferentes entre os índios brasileiros. Até um passado recente o trabalho com os índios era um campo para os missionários religiosos. Atualmente encontramos inúmeras entidades que desenvolvem trabalhos com os povos indígenas, além do Cimi – Conselho Indigenista Missionário. Inúmeras ONGs, nacionais e internacionais, e organizações dos próprios indígenas, como o Citas – Conselho Indígena Tapajós Amazonas, são bastante atuantes, além de entidades criadas por outros indigenistas, ou órgãos governamentais como a Funai e a Funasa – Fundação Nacional de Saúde.

Ao nos referirmos ao movimento indígena no Brasil não devemos nos esquecer das diferenças que existem entre ele e o movimento dos indígenas de outros países da América Latina. No Brasil, historicamente, a maioria da população indígena foi eliminada ou confinada em áreas não urbanizadas/industrializadas. A mão de obra popular básica sempre foi a dos negros ou mulatos. Em vários países da América Latina que não tiveram escravidão de origem africana, a maioria dos pobres das cidades e vilarejos, assim como no campo, na atualidade, é indígena ou descendente direto destes. São estes indígenas que estão patrocinando rebeliões e revoluções na Bolívia, Equador, Peru, em parte da Venezuela etc. No Brasil, os indígenas também aumentaram suas organizações nos últimos anos, mas a maioria de suas demandas estão ainda centradas na questão da terra

Há importantes conquistas obtidas pós-Constituição de 1988, tais como a demarcação de suas terras, o direito de alfabetização em sua própria língua, e, mais recentemente, a busca da venda de seus produtos, não em mercados alternativos, mas, por preços justos e competitivos, em mercados globalizados.

Segundo a mídia brasileira, o Brasil vive o *boom* do "orgulho indígena", dado o crescimento do número de grupos que reivindicam direitos como índios, tribos ou remanescentes de grupos originárias dos estados do Pará, Ceará e Alagoas (cf. *Folha de S. Paulo*, 20/11/2006: A10-11). Na realidade este "orgulho" está longe de ser geral. Conflitos entre grupos madeireiros e outros com os indígenas continuam ocorrendo e as estatísticas de mortes de índios são altas.

As políticas governamentais tratam-nos ainda de forma tutelada, assim como muitas organizações religiosas que os assessoram. O Estatuto do Índio de 1973, deixa os indígenas sob a tutela do Estado – à medida que preconizava que era dever do mesmo preservar a cultura indígena e "integrá-los, progressiva e harmoniosamente, à comunhão nacional". Portanto, a cultura indígena foi vista, naquele Estatuto de 1973, como sendo ainda como primitiva, e portanto eles deveriam ser "civilizados". O Estatuto determina também que eles são "inimputáveis", ou seja, não podem ser punidos por não saber o que é certo ou errado. Já a Constituição de 1988 deu-lhes o direito de recorrem à justiça para defenderem seus interesses, podendo ganhar ou perder suas causas. Neste último caso, estariam sendo penalizados, contrariando o Estatuto. Estes dois atos criaram confusões no campo jurídico levando à mudança na legislação, relativa ao Estatuto. Mas a Constituição de 1988 reconheceu aos índios "sua organização social, costumes, línguas, crenças e tradições" definindo que o Estado deve proteger as manifestações culturais dos povos indígenas. O novo Estatuto do Índio busca corrigir as distorções e concepções atrasadas anteriores, tratando o índio como um cidadão. Mas um cidadão diferenciado por sua cultura. Quando envolvidos em algum litígio, poderão vir a ser responsabilizados, pois sabem distinguir o que é certo ou errado, mas os juízes deverão providenciar perícia antropológica para saber dos valores culturais de sua tribo ou ancestrais.

Em 2009, o debate sobre o novo Estatuto dos Índios, que tramita no Congresso brasileiro desde 1994, trouxe à tona motivações econômicas que subjazem à questão. Trata-se da questão dos minerais que existem em terras indígenas. Pelo Estatuto de 1973, a exploração das riquezas do solo nas terras indígenas caberia só a eles. Qualquer tipo de exploração de seus solos teria de passar pelo entendimento com os órgãos de assistência ao índio, a Funai no caso. A Carta de 1988 permitiu a pesquisa e a lavra nas terras indígenas, mas condicionou a uma lei específica, não aprovada até 2009, portanto a exploração de minérios em terras indígenas continuou vedada. O novo Estatuto altera as regras e coloca a possibilidade da mineração realizada por empresas, desde que tenham a concordância dos índios, e deem como contrapartida o pagamento pela ocupação e retenção da área, compensando-os com indenizações por eventuais danos. Ou seja, oferece-se pagamento pelos resultados! Observa-se que o cenário para novos conflitos está se armando, pois os índios, antes definidos como "incapazes", estão sendo promovidos no novo Estatuto como agentes de direitos e também como negociadores. A luta entre os interesses privados sobre as riquezas minerais em terras dos indígenas e os interesses indígenas – como seres específicos e também como parte da humanidade que habita as florestas e sempre as preservaram, adquiriu no debate e votação do novo Estatuto um caráter de luta econômica e luta cultural. Pressões, *lobbies*, interesses eleitorais etc. têm nublado a discussão e aberto brechas para a criação de futuras "serras peladas", especialmente na Região Norte, cobrindo grande parte da Amazônia, onde se localiza a maioria das tribos das nações indígenas brasileiras.

Em 1988 os índios obtiveram uma grande vitória na área da educação: o direito de serem alfabetizados em suas próprias línguas.

Segundo Marta Azevedo, da ONG Instituto Socioambiental, nos últimos anos:

> As escolas da Funai até bem pouco tempo atrás tinham como objetivo ensinar o português e alguns conteúdos destinados a integrar os índios à comunhão nacional "eram instrumentos mais interessantes e eficazes para destruir as culturas indígenas. [...] Nos últimos anos a situação mudou. As escolas passaram a ser vistas como um instrumento de defesa, um local onde é possível inclusive registrar e desenvolver conhecimentos e línguas dos próprios povos indígenas (AZEVEDO, M. O Estado de S. Paulo, 25/03/2007: A12.)

Em 2007 o Inep – Instituto Nacional de Estudos e Pesquisas Educacionais – afirmou que, em 4 anos, o número de alunos frequentando escolas indígenas de ensino básico havia crescido 48,7%. A maior parte estava em escolas de Educação Infantil e no Ensino Fundamental. O número de escolas indígenas passou de 1.707 para 2.422, entre 2002-2006. 63,2% concentram-se na Região Norte do país. Entre 1997-2007, formaram-se 8 mil professores indígenas em universidades. Registre-se ainda, no campo da educação, o expressivo número de indígenas frequentando diferentes cursos superiores no país – 4 mil em 2007, segundo o Conselho Nacional da Educação.

Estas conquistas, entretanto, têm gerado novos problemas. Os professores índios Maxakali, de Minas Gerais, por exemplo, passaram a receber salários, e isto resultou numa desorganização no grupo, pois eles cultivavam seus próprios alimentos e passaram a pagar para outros o seu alimento. A merenda escolar é distribuída para todos quando chega, pois eles

ão uma sociedade sem hierarquia, com relações de reciprocidade. O kit escolar distribuído também gerou conflitos, assim
como o fato de as escolas serem fora das aldeias (cf. OLI-
VEIRA, 2006). Observa-se que, no atendimento de demandas, não se respeitou a cultura dos Maxakalis. O mesmo paco-
te "urbano" foi implantado. Mas os índios ressignificaram as
práticas.

No Ensino Superior, o programa de cotas para estudantes
indígenas, a exemplo da Universidade Federal do Tocantins,
atende inúmeros indígenas. Em 2007 eram 68 naquela universidade. Mas o número de indígenas nas universidades foi con-
tabilizado como de 5 mil em 2007 também. A Funai tem cola-
borado com bolsas de alimentação, transporte, moradia e material escolar para que estes índios permaneçam nos cursos
universitários, pois um dos grandes problemas é o seu abandono. A maior parte fazia curso de licenciatura para se tornar
professores em suas comunidades de origem. Mas o movimento indígena tem cobrado vagas nas cotas para os indígenas, também nos cursos da área da saúde, meio ambiente e direito, tidos como necessários para suas comunidades.

Sobre a questão étnica não podemos deixar de registrar
mobilizações de grupos indígenas existentes em zonas urbanas, especialmente em algumas capitais, a exemplo de São Paulo. Na região de Parelheiros, uma das poucas áreas mistas
onde ainda há zona rural do município de São Paulo, vive
grande grupo indígena que luta pela demarcação de suas terras. Há também descendentes de índios que vivem em favelas
e que têm se organizado e reivindicado escolas, como na favela Panorama, na região do Morumbi, São Paulo. Em outubro
de 2006 a *Folha de S. Paulo* noticiou que havia 509 famílias vivendo na favela do Real Parque em São Paulo (em 2004 eram
400). Este crescimento se deve a um fluxo migratório de aldeias do interior de Pernambuco (aldeia Brejo das Almas),

para a capital paulista, em busca de um sonho de "sair da misé
ria e buscar um emprego" (depoimento de um índio da trib
Pankararu para o mesmo jornal). A construção do Rodoane
de São Paulo teve um grande atraso no trecho Raposo Tava
res-Imigrantes/Anchieta porque os ambientalistas, além d
contestarem a obra por seu impacto ambiental, denunciaran
que tribos indígenas que vivem na descida da Serra do Mar
logo após a capital, não foram consultados ou considerados
No litoral brasileiro há registro de conflitos entre grupos in
dígenas e proprietários de terra que, baseando-se em docu
mentações antigas, estão vendendo estas terras para empreen
dedores internacionais construírem hotéis e redes de *resorts*, ;
exemplo de São José e Buriti, em Itapipoca, a 150km de Forta
leza, Estado do Ceará. Próximo às minas de Eldorado de Ca
rajás, no Pará, o conflito entre os índios Xicrins e a Compa
nhia Vale do Rio Doce, que culminou com a invasão da min;
por 200 índios em outubro de 2006 depois da empresa sus
pender a ajuda financeira aos índios, prevista em contrato
como compensação pela ocupação de áreas de "posse imemo
rial dos índios", onde estão os restos mortais de seus ante
passados. O conflito data de 1997 e tem a Funai como um do
atores atuando em defesa dos índios. A demarcação da Reser
va Raposa do Sol em Roraima foi uma das mais conflituosas ٍ
resultou na vitória dos indígenas, promulgada pelo Supremc
Tribunal Federal em 2009.

No Fórum Social de 2009, realizado em Belém, coração d;
Amazônia, "casa" dos indígenas, dezenas de organizações do:
indígenas participaram e foram o grande destaque do event
para a mídia internacional presente. Eles elaboraram a seguin
te pauta de lutas:

> • *La Movilización en Defensa de la Madre Tierra*)
> *los Pueblos, contra la Mercantilización de la Vida*
> *Contaminación, Consumismo Tóxico y Crimina-*

lización de los movimientos sociales y en ese marco realizar una movilización intercontinental el 12 de Octubre de 2009.

• *Movilización para defender los derechos de los pueblos y madre tierra frente a la agresión de los megaproyectos, industrias extractivas, el IIRSA, Plan Puebla Panamá, agrocombustibles y las invasiones coloniales como las de los pueblos de Haití y Palestina.*

• *Reconstituir, reinventar y articular valores y paradigmas alternativos y diversos, y en esa dirección organizar un Foro Social Temático sobre Descolonialidad, Desmercantilización de la Vida, Derechos Colectivos y Bien Vivir el 2010.*

• *Participar en la IV Cumbre de Pueblos Indígenas del Abya Yala, en Puno (Perú) del 27 al 31 de mayo del 2009, donde se reforzarán e impulsarán los procesos señalados anteriormente.*

4
Movimentos e demandas na área dos direitos

O tema dos direitos é fundamental porque ele dá universalidade às questões sociais, aos problemas econômicos e às políticas públicas, atribuindo-lhes caráter emancipatório. É a partir dos direitos que fazemos o resgate da cultura de um povo e de uma nação. Sabe-se que a temática dos direitos surge ao longo dos três últimos séculos. Inicialmente, no século XVII, são os direitos civis ligados às liberdades individuais, como o direito à liberdade de ir e vir, de imprensa, de pensamento e credo, de propriedade. No século XIX surge o elemento político como direito de participar no exercício do poder político, como eleitor, e, no século XX, emerge o elemento social que se refere a "tudo o que vai desde o direito a um mínimo de bem-estar econômico e segurança ao direito de participar" por completo do processo político (HORTA, 1991: 211). O século XXI trará a consolidação do elemento cultural, nos direitos culturais que preconizam o direito à diversidade da cultura dos povos, enquanto etnias, raças, crenças, opções religiosas, sexuais etc. Consolidam-se também os direitos à proteção ambiental, à vida e ao patrimônio artístico e cultural da humanidade.

No plano internacional destacam-se várias entidades de luta pelos direitos, tais como a Anistia Internacional. No plano nacional destaca-se o MNDH – Movimento Nacional Pelos Direitos Humanos como um dos mais antigos e o mais abrangente. No Brasil, durante o período militar, o campo dos direitos humanos teve um papel muito importante, como um foco de resistência. No século XXI, o MNDH incorpora-se à luta contra todas as formas de violência e respeito ao indivíduo pelo fim da prática de tortura, pela dignidade nas prisões, pelos direitos fundamentais do ser humano, ou seja, pelo direito a uma vida digna e pela universalização dos direitos constitucionais.

O MNDH ampliou-se a partir dos anos de 1980, abrindo novas frentes que tratam de novos direitos, especialmente os culturais, ou direitos à preservação não apenas do patrimônio e à memória material, mas também a imaterial, ligada às crenças e tradições simbólicas de um povo. Eles criaram redes nacionais e internacionais. Assim, podemos sistematizar as seguintes frentes:

1 Direitos humanos: nos presídios, presos políticos, situações de guerra

Os movimentos de direitos humanos criaram redes nacionais e estão interligados a redes internacionais como a Anistia Internacional. Já os movimentos contra a violência, nos centros urbanos, são mais focalizados. Eles têm um caráter diferente, partem de grupos e ações localizados, motivados por perdas de entes queridos; passam a criar redes, mobilizam as associações comunitárias dos bairros – muitas vezes também acuadas pelo medo da violência dos grupos armados organizados de uma região. O movimento contra a violência urbana tem organizado passeatas, manifestações de rua etc. O próprio movimento estudantil, que entra e sai da cena pública constantemente, tem tido um papel importante no movimento antiviolência, em campanhas como pelo desarmamento da população, mobilizações e protestos contra a guerra, pela paz.

Movimentos de defesa e preservação dos direitos culturais

A diversidade cultural tem sido tema presente na última década nos debates acadêmicos, pesquisas, programas e políticas públicas, e fundamento central das ações coletivas associativas no campo da educação não formal que se realiza em múltiplos campos e recantos do Brasil. Ela é também uma frente fundamental do trabalho da Unesco, que a considera uma necessidade do gênero humano, um patrimônio da humanidade, considerada como eixo principal nas políticas públicas. A Unesco elaborou vários documentos a respeito, destacando-se Declaração Universal sobre Diversidade Cultural e os Direitos Culturais. Para Vera Paolillo (2009) a diversidade cultural é condição para o exercício da cidadania, constituindo-se numa força sociocultural transversal. Vera afirma que as identidades culturais devem ser protegidas, mas a diversidade cultural deve ser promovida.

A preservação e defesa das culturas locais, patrimônio e cultura das etnias dos povos etc. é uma luta apoiada pela Unesco e uma das diretrizes de vários organismos internacionais, inclusive item de qualificação para eventual apoio financeiro. A criação de políticas nacionais de defesa e preservação de bens imateriais – como uma dança, uma comida (acarajé), um grupo de folclore, um instrumento musical (berimbau) etc. possibilitou a organização de inúmeros grupos locais, de se organizarem, mapearem e buscarem o tombamento de seus acervos. Além de contribuir com a identidade de uma região e grupo social, estas ações têm grande potencialidade de crescimento. Entretanto elas têm mobilizado mais grupos tradicionais nas comunidades locais. A criação de museus e pequenas bibliotecas poderiam incentivar a mobilização dos mais jovens que, além de conhecer e aprender sobre origens e tradições locais, poderiam ter seus interesses canalizados para área da cultura (cf. SCOGUGLIA, 2004). Museus devem se vistos como espaços públicos para fruição de saberes acumu lados pela humanidade. Eles são portas de acesso à história, memória, à reflexão sobre o passado, o presente e as possibili dades de rumos para o futuro.

A diversidade cultural só é possível florescer em ambien tes de respeito e reconhecimento do pluralismo cultural. É necessário a existência de esferas públicas de interação, diálo gos e debates para que a diversidade cultural se firme como um direito, um direito cultural. Em se tratando de territórios onde habitam ou vivem contingentes sociais em situação de pobreza é preciso criar e ativar espaços para a proliferação de formas culturais alternativas às dominantes. Não apenas por que revela sua existência – fundamental para o desenvolvi mento de práticas cidadãs e para a construção de identidade (existentes ou emergentes); como para o reconhecimento pú blico destas iniciativas; assim como para a construção de re des associativas.

Na análise acadêmica, na construção de projetos sociais e nas políticas públicas um dos grandes desafios é: como cons truir a unidade na diversidade sem apagar as diferenças. E qua o lugar ideal para promover este princípio da diferença? Boa ventura S. Santos (2002 e 2006) nos dirá que a comunidade lo cal é um destes espaços porque o princípio de comunidade contém as ideias da solidariedade e da participação. De fato, temos de supor que o morador seja um cidadão não apenas porque tenha um lote, casa ou outro tipo de morada, mas que ele tenha uma identidade com aquele local. E para que isto ocorra é preciso que este território seja um lugar de promoção da dignidade, da solidariedade. Deve ser um espaço de reco nhecimento da cultura de seus habitantes. As ações locais promovidas pela sociedade civil ou promovida pelos poderes públicos devem focalizar ações onde haja um interculturalismo emancipatório, que reconheça o outro e suas diferenças, sem diluí-las numa geleia multicultural homogênea, nem destacar hierarquicamente uns sobre outros. Deve-se ter diálogos transversais, cruzamentos e inter-relações de forma a criar pontes entre as diferentes tradições e práticas culturais existentes. Deve-se criar redes tecidas por fios que promovam esta interligação e a conexão necessária.

5
Movimentos ao redor da questão da fome

Historicamente a fome já gerou campanhas (1914, 1934, 1992 etc.) e inúmeras mobilizações envolvendo passeatas, como a da "Panela Vazia" nos anos de 1950, e ações práticas, como a Campanha contra a fome e defesa da vida, organizada pelo Betinho no início dos anos de 1990, e a Ação da Cidadania Contra a Fome e a Miséria (cf. GOHN, 2003). Estas ações geraram grupos de coleta de doações e alimentos, cooperativas de geração de renda, ações cidadãs de resgate da dignidade de pessoas que viviam e vivem da coleta e manuseio dos resíduos do lixo nas cidades. Programas governamentais como Comunidade Solidária, Fome Zero e Bolsa Família tiveram como foco estes grupos.

Falar da fome é tratar da pobreza – tema polêmico, produzido historicamente, associado à questão das desigualdades. Por isto Catani afirma: "o polo da pobreza não se constitui de forma autônoma, autorreferente, desvinculado das estruturas, das hierarquias que produzem e reproduzem as desigualdades" (CATANI, 2007: 222-223). No passado, Josué de Castro foi uma das grandes vozes que diagnosticaram as causas da pobreza, denunciando as formas de exploração que levavam à reprodução do modelo que gerava a fome. No Brasil atual, analistas e artistas continuam a pautar a fome como problema social grave, a exemplo do filme nacional "Garapa", de 2009. No plano governamental, observam-se vários programas oficiais para atuar na questão. Até um órgão específico foi criado pelo governo federal nesta década, o Consea – Conselho Nacional de Segurança Alimentar e Nutricional, que tem representação nos estados via conselhos. O Consea estruturou uma PEC – Proposta de Emenda Constitucional da Alimentação, a qual lançou a campanha nacional para incluir a alimentação entre os direitos fundamentais de todos os brasileiros. Estas ações somam-se aos inúmeros programas sociais governamentais tais como o PET – Programa contra Trabalho Infantil, o Bolsa Família, os "Vales" (gás, alimentação, transporte etc.), que configuram as novas políticas sociais do Estado brasileiro. Elas direcionam-se para problemas concretos, mas atuam de forma assistencialista, via monetarização desta assistência, distribuindo a moeda, partindo do suposto de que a distribuição de alimentos e gêneros geram desvios. A monetarização ativou, sim, o circuito da circulação bancária, via o recebimento pelos cartões e o ressurgimento dos organizadores das clientelas a serem atendidas/cadastradas. Segundo o Ipea, verbas que anteriormente eram destinadas ao serviço de atendimento social, do tipo distribuição de cestas básicas de alimentos, passaram para os programas de distribuição de transferência direta de renda, em moeda corrente para públicos-alvo. Com isto as políticas de proteção social criaram uma imensa corrente assistencialista, baseada em valores monetários que só são suficientes para o consumo direto de gêneros alimentícios e produtos industrializados de baixíssimo valor. Isto também explica o sucesso das lojas de R$ 1,99 (antes era R$ 0,99), de quinquilharias geralmente vindas da China, e o crescimento de pequenos povoados – agora transformados na categoria de "urbano".

A respeito destas políticas, Anete Ivo assinala:

> Na base da monetarização da assistência localiza-se um diagnóstico da crise social como crise do consumo, resultante das políticas em favor da rentabilida-

de do capital. [...] No plano simbólico, a monetarização da assistência pode constituir-se num "fetichismo" do resgate material da dívida social do Estado para com as classes populares. A materialização em espécie do pagamento dessa "dívida social" pode ter um efeito simbólico de resgate do compromisso entre o governo e os pobres [...]. Mas a materialização dessa dívida nos valores praticados dessa transferência, na dimensão da cidadania, sedimentando uma "outra cidadania" para o qual a sociedade se satisfaz com níveis extremamente reduzidos. O modelo dissimula, ainda, a passagem de uma responsabilização coletiva para o âmbito dos indivíduos, quando cobra deles a inserção no acesso a bens públicos, sem observar a realidade preexistente da qualidade dessas políticas públicas ofertadas, como a educação e a saúde, cristalizando-os na condição da pobreza, pela fragilidade da inserção (IVO, 2008: 229-230).

■ 6
Mobilizações e movimentos sociais: área do trabalho

Introduzimos este eixo como relevante porque ele condensa inúmeras ações coletivas que se iniciaram em comunidades locais e se transformaram em associações geradoras de emprego e renda. O chamado novo associativismo, propositivo e organizado em torno da economia popular, tem espaço neste eixo. Basicamente podemos sistematizar os subeixos sobre o tema trabalho em:

Movimentos sindicais

Vamos nos limitar a citar o movimento sindical porque não somos especialistas no assunto. Nos primeiros anos deste novo século ele estava progressivamente perdendo a relevânia que tiveram no passado – dadas as mudanças operadas na economia, desregulamentação dos processos de trabalho, prinipalmente industrial, reengenharia no mundo das organizações e corporações, enxugamento dos e nos postos de trabalho e a diminuição do número de sindicalizados etc. Remetemos aos estudos de Rodrigues (1999), Antunes (2000), Caroso (2005) e Druck e Franco (2007), entre outros, para uma análise específica do subtema naqueles períodos. Entretanto, crise econômico-financeira que assolou o mundo a partir de 2008 recolocou os sindicatos na ordem do dia, seja para resistr à onda das demissões, com negociações de acordos e flexibilizações, seja para organizar protestos. A política voltou às ruas e às portas das fábricas.

Em 2009 o Brasil possuía seis organizações sindicais nacionais. A maior é a CUT – Central Única dos Trabalhadores com 1.632 entidades filiadas. Segue a Força Sindical, com 923 A seguir está a UGT – União Geral dos Trabalhadores, com 526 entidades. Esta central foi formada por sindicatos dissidentes da Força Sindical e da fusão de três outras centrais anteriores (CGT, SDS e CAT). A NCST – Nova Central Sindical de Trabalhadores, agrega 533 entidades; e a CTB – Central dos Trabalhadores e Trabalhadoras do Brasil, tem 252 filiadas e foi formada por dissidentes da CUT ligados ao PC do B. A última, a CGTB – Central Geral dos Trabalhadores, tem 220 filiadas e surgiu de um racha da CGT. Além dessas, existe a Contag – Confederação Nacional dos Trabalhadores na Agricultura, que em março de 2009 decidiu se desfiliar da CUT e se manter independente.

2 Movimentos contra as reformas estatais

Nos anos de 1990, movimentos contra as reformas das políticas públicas e reformas no Estado brasileiro eram manchete usual na mídia escrita, televisionada ou na internet Passeatas e grandes mobilizações foram encabeçadas por funcionários públicos, em áreas de serviço social básico ou produção estratégica, como a energia, com os petroleiros os eletricitários.

Neste novo século, ações pontuais, mais localizadas, também têm se registrado no Brasil contra as políticas pública caracterizadas como geradoras do desemprego e fragilizado ras das condições de trabalho, a exemplo de protestos contr as seguintes reformas: direitos dos trabalhadores do setor pú blico; políticas sociais de saúde; reformas dos órgãos e apare lhos estatais, e movimentos e ações de aposentados e pensionistas da previdência privada.

3 Movimentos contra o desemprego

Nos anos de 1980 o movimento dos desempregados teve grande força e repercussão no Brasil. Curiosamente, quando os índices de desemprego subiram, a partir dos anos de 1990, o movimento não teve mais tanta força e visibilidade. Isto se explica pela nova conjuntura econômica e política. Os sindicatos perderam força, os desempregados são uma categoria difícil de organizar, e a luta pela sobrevivência passou a ocupar suas atenções e não mais a participação em associações. Os próprios sindicatos passaram a criar frentes de inscrições para trabalhos precários, o governo criou balcões e programas emergenciais precários. Alguns deles, como o Primeiro Emprego, fracassaram. Mas foram as políticas de benefícios sociais, tipo Bolsa Família, que criaram um colchão amortecedor ao movimento, além da questão político-partidária: o apoio de centrais sindicais ao governo do Presidente Lula, por exemplo, amorteceu as críticas ácidas de várias centrais sindicais, dirigidas ao governo anterior. Algumas dessas centrais saíram às ruas para defender políticas ou ações do governo, a exemplo dos atos de defesa da "Petrobras", quando a empresa esteve sob a mira de uma CPI por denúncias de supostas irregularidades.

A crise econômica que assolou o capitalismo financeiro mundial a partir de 2008 rebateu no setor produtivo brasileiro, pautando a conjuntura econômica nacional a partir do segundo semestre daquele ano. As principais manchetes da mídia diária foram todas no mesmo tom – demissões em massa, ajuda a bancos, fechamento ou fusões de empresas, desemprego etc. Governos de diferentes países saíram de suas posições predominantes nos anos de 1990, de desativar as ações do Estado na economia, e entraram em socorro das atividades em falência, ou lançaram planos para impulsionar o mercado de trabalho, via construção civil, por exemplo. Os reflexos dessa nova crise internacional foram o motivo de grandes passeatas e atos de pressão contra a onda de demissões e desemprego no país. O impacto deste novo cenário fez com que as organizações dos trabalhadores – bastante fragilizadas nos anos anteriores – tivessem que reorganizar as pautas de discussão com planos de rediscussão de jornadas, benefícios e manifestações nas ruas, a despeito do apoio de muitas delas ao atual governo federal. Em março de 2009, por exemplo, um *pool* de sindicatos se mobilizou em 19 estados brasileiros para protestar contra o corte de 730 mil postos de trabalho, ocorridos a partir de outubro de 2008, na indústria, órgãos públicos, mineradoras etc.

4 Movimento das Cooperativas e Produção Alternativa da Economia Solidária

Segundo Lima (2007), as cooperativas surgiram na Inglaterra no século XIX, no início do movimento operário, como cooperativas de consumo, mas logo passaram a operar também como cooperativas de trabalho e de produção industrial. Ao longo do século XX as cooperativas se desenvolveram por diferentes caminhos e formas, tanto nos países capitalistas como nos regimes socialistas. A partir da década de 1970, ainda segundo Lima, surge um novo cooperativismo para atender a conjuntura de desemprego e demandas de novas formas de "organizar o mundo da vida, através de formas de associação alternativas". Neste período, torna-se famosa a experiência da cooperativa de Mondragón na Espanha.

Aos poucos, novos termos vão se consolidando: economia social, economia popular, economia solidária (cf. FRANTZ

2009). Adensam-se também o resgate de teóricos clássicos que passam a fundamentar as propostas como Mauss – com as questões do dom, da dádiva e da reciprocidade; Polanyie e suas análises sobre os elementos não mercantis presentes na sociabilidade humana e a existência de uma economia plural; e mais recentemente, Simmel – dada a questão dos laços e vínculos sociais. No Brasil, destacam-se os trabalhos de Paul Singer, Luís Inácio Gaigner e Marcus Arruda a respeito de cooperativas organizadas segundo a perspectiva de uma nova economia solidária. Mas as transformações no mundo do trabalho do final dos anos 1980 e nos anos de 1990, que ocasionaram reengenharias nas fábricas e no setor produtivo em geral, levaram ao surgimento de inúmeras cooperativas de trabalhadores que assumiram espólios falidos; ou a terceirização do mercado de trabalho via cooperativas, que se tornaram, nestes casos, instrumentos de flexibilização e fragilização do próprio trabalho.

No universo das cooperativas populares – elas se articulam em redes, promovem Congressos, criam continuamente novos centros comunitários localizados em territórios habitados pelas camadas populares, organizam parcelas da população que se dedicam à produção e comercialização de inúmeros produtos de uso doméstico, alimentação etc. Uma infinidade de atividades são nucleadas em cooperativas ou associações nos próprios bairros populares. Por detrás dessas associações existem ONGs, de caráter mais abrangente. Elas assessoram os grupos na montagem dos projetos para o pedido de financiamento, relatórios etc. Eles têm identidade própria e uma meta: lutar pela inclusão socioeconômica via produção e criação de um mercado paralelo, alternativo. Mobilizam indivíduos e famílias, criam redes solidárias e têm como pautas de demandas: subsídios para a produção, isenção de impostos dado o caráter de auossustentabilidade das atividades (que não visam lucro, mas a geração de pequenas rendas familiares ou individuais), acesso a mercados para venda dos produtos, cessão de espaços para produção e comercialização, tarifas sociais para o consumo de água, energia etc. Eles produzem, distribuem, circulam as mercadorias e as comercializam. Em 2007 a Secretaria Nacional de Economia Solidária registrou 18.878 empreendimentos no país sendo 9.372 rurais e 6.199 urbanos.

A economia solidária diferencia-se da economia informal porque usualmente não vende produtos industrializados (como no comércio ambulante ou importados clandestinos) e nem se dedica à comercialização de parcelas ou unidades dos produtos, a chamada venda a granel, no caso produtos que têm valores altos. Trata-se de uma grande diversidade de empreendimentos, heterogêneos, unidos ao redor de estratégias de sobrevivência (trabalho e geração de renda), articulados por ONGs que têm propostas fundadas na economia solidária, popular; organizam-se em redes solidárias, autogestionadas. Muitas dessas ONGs têm matrizes humanistas e creem que estão construindo mudanças socioculturais de ordem ética, uma economia alternativa que se contrapõe à economia de mercado capitalista. Redes de solidariedade são a base de articulação dos grupos. O trabalho coletivo baseado na cooperação, a condenação à competição e à concorrência são princípios da ética que se busca construir na economia solidária. Vários grupos contam com o apoio de políticas públicas de apoio ou subsídio às suas produções. Outros se cotizam, a exemplo do Banco do Povo (de uma forma menos sofisticada que a criada pelo Nobel da Paz, 2006, Muhammad Yunus), mas autogerido.

O Movimento dos Catadores e Recicladores de Papel, papelão e outros materiais é um dos exemplos da nova economia solidária que se busca construir. Ele tem caráter popular e criou uma forma de organização totalmente diferente do movimento das associações de moradores ou Sociedades Amigos de Bairros, focadas no elemento moradia. Os catadores criaram os Centros Comunitários de Reciclagem e os Centros de Produção, embora se organizem segundo locais de moradia e se localizem nos bairros, eles são focados no mundo do trabalho. Os Centros Comunitários agregam aqueles que tiram da coleta seletiva do lixo o seu sustento. Os segundos, organizados por ONGs e outras entidades assistenciais, dedicam-se à produção e comercialização de inúmeros produtos para uso doméstico ou para alimentação. Essas novas formas têm alterado a paisagem urbana com o surgimento de galpões de reciclagem de produtos, produção de alimentos sem agrotóxicos, fabriquetas de tijolos, apiários, granjas, produção caseira de queijos, doces, uma infinidade de espaços físicos ressignificados (usualmente locais decadentes ou abandonados) com atividades nucleadas em cooperativas ou associações nos próprios bairros populares. Mas em vários casos as atividades de seleção do material coletado em carroças são separadas nas ruas, debaixo de viadutos e pontes, contribuindo para a degradação do meio ambiente (por mais justas que possam ser aquelas atividades). Portanto, a construção de galpões e/ou lugares adequados para o trabalho é uma das necessidades deste movimento.

São Paulo é o Estado que tem mais cidades com coleta seletiva de lixo (114). Na capital, em 2004 a coleta seletiva abrangia 30% da população. A grande maioria dos agentes que realizam esta coleta mantém relação direta com as cooperativas de catadores, que reduz o custo da coleta para as Prefeituras. As Associações dos Catadores de Papel e Papelão reivindicam o reconhecimento de suas organizações de forma que possam partir para projetos como: reciclagem e industrialização dos resíduos.

Ter um teto e um trabalho regular é um dos objetivos estratégicos perseguidos pelos coletivos que atuam na economia solidária e lutam pela sobrevivência. O chamado Terceiro Setor (sem fins lucrativos, voltado para questões sociais, composto por ONGs, entidades, associações, movimentos e até algumas pequenas empresas ou cooperativas denominadas cidadãs) tem sido o setor sempre lembrado nessas parcerias.

■ 7
Movimentos decorrentes de questões religiosas

São movimentos originários de diferentes crenças, seitas e tradições religiosas. Não nos deteremos longamente neste item porque ele extrapola nossa área de pesquisa (cf. PIERUCCI & PRANDI, 1996). Mas é importante relembrarmos a presença de ações coletivas das igrejas junto dos movimentos populares, especialmente a católica nos anos 70/80, inspiradas pela Teologia da Libertação.

As novas orientações dos cristãos levaram, nos anos de 1990, no Brasil, ao apoio para a criação da Central dos Movimentos Populares (1993), e ao lançamento do Movimento da Consulta Popular (1997), assim como uma reativação de manifestações públicas como a marcha do Grito dos Excluídos, organizada desde 1995, e a Marcha das Margaridas (em sua maioria, mulheres camponesas), além das inúmeras Marchas dos Sem-Terra, que ganharam espaço na mídia a partir de 1997. O Movimento Consulta Popular do final dos anos de 1990, o Plebiscito sobre a Dívida Externa, em 2000; a Campanha Contra a Alca – Área de Livre-Comércio das Américas, que resultou no Plebiscito Popular sobre a Alca em 2002 (cf. SUYLAN SILVA, 2008). Foram grandes mobilizações populares que contaram com o apoio dos setores progressistas da Igreja Católica no Brasil. Em 2007, o Grito dos Excluídos, convocado pela CNBB – Conferência Nacional dos Bispos do Brasil, para demandar: trabalho, terra, moradia, paz, justiça, saúde, cidadania, ética, educação e soberania, mobilizou nas principais capitais do país simpatizantes e aliados, tais como o MST, partidos políticos (Psol, PSTU, PCB e o Partido Humanista).

Tiveram presença importante no apoio a estes eventos algumas organizações como a Cáritas Brasileira, o Ibrades – Instituto Brasileiro de Desenvolvimento, a CNBB – Conferência Nacional dos Bispos do Brasil, MNDH – Movimento Nacional dos Direitos Humanos, Comissão de Justiça e Paz etc. Nesta lista merece destaque a Cáritas. Ela foi criada em 1956, durante a 3ª Assembleia da Conferência Nacional dos Bispos do Brasil, vinculada à criação do programa Alimentos para a Paz. No início teve relação com a criação da Fase – Federação de Órgãos para Assistência Social e Educacional –, outra ONG de apoio e assessoria aos movimentos sociais populares, assim como interlocução com a Misereor, no plano internacional. Até a década de 1990 a Cáritas se manteve no perfil das atividades promocionais e assistenciais. A partir dos anos de 1990, ela muda de perfil no Brasil, e passa a atuar na defesa dos direitos, da solidariedade libertadora, e progressivamente integra-se aos programas de economia solidária e cooperativas populares que são criados em diferentes pontos do Brasil. A entidade passa a apoiar mobilizações e cursos de formação de agentes comunitários para atuarem no controle social das novas políticas públicas, implementadas pelos requerimentos da nova Constituição de 1988, a exemplo dos Conselhos Gestores de políticas públicas (cf. ANDRADE, 2009).

Portanto, as novas orientações e articulações nos movimentos populares se explicam por vários fatores, mas se ficarmos no plano simbólico, do religioso, vamos ter possíveis veios explicativos, ao observarmos mudanças nas instituições religiosas que assessoram ou realizam mediações entre os movimentos sociais e os poderes públicos; ou se observarmos o próprio campo da religiosidade. Ocorreram múltiplas transformações no cenário das religiões no Brasil nas últimas duas décadas, com o declínio do número de católicos, assim como o crescimento de seitas e alas dentro do próprio catolicismo – como a Igreja Universal do Reino de Deus, do Bispo Edir Macedo, e o Movimento de Renovação Carismática. Acrescente-se ao quadro as mudanças na cúpula da Igreja Católica, a partir de Roma, desativando apoios à militância política e estimulando um retorno às práticas tradicionais das orações, procissões, retiros espirituais etc. O programa das pastorais, ativo desde os anos de 1970, tem retomado impulso no final desta década deste novo milênio. Atualmente são cerca de 15 as pastorais da Igreja Católica e elas completaram, em 2006, 35 anos de atividades, sendo a Pastoral Operária e a da Periferia as primeiras. Há outras específicas como Pastoral do Menor, da Mulher Marginalizada. Após reformulações em suas ações junto das comunidades dos pobres nos anos de 1990, as atividades pastorais voltaram a priorizar nos anos 2000 os trabalhos de base no meio urbano, nas cooperativas de economia solidária, apoiando as novas articulações que os movimentos sociais têm realizado. Essas novas articulações dos movimentos sociais denotam as novas orientações dos ex-militantes das Cebs, e agora militantes de movimentos ampliados, que incluíram os temas dos direitos humanos e culturais junto com o leque das demandas dos movimentos populares (moradia, bens e equipamentos urbanos). Com isso, movimentos de mulheres, homossexuais, ecológicos, pela paz etc. uniram-se a movimentos de portadores de necessidades especiais, de crianças e adolescentes, idosos, afrodescendentes, direitos humanos etc. contribuindo para a formação de redes temáticas. Inicialmente o termo criado para as novas alianças foi "inculturação". Dada a não popularidade deste termo, assumiu-se o termo "multiculturalismo" já cristalizado nos Estados Unidos, desde os anos de 1980 nas políticas de resgate de raízes culturais e de busca de inclusão dos remanescentes indígenas, das comunidades religiosas tradicionais e, principalmente, os afro-estadunidenses, originários do Movimento pelos Direitos Civis, na luta contra a segregação e o preconceito racial dos anos de 1950/1960.

O olhar atento à religião em uma dada realidade social é importante devido ao retorno dos conflitos religiosos em várias partes do mundo – coisa que no Brasil não é usual, pois a hegemonia da Igreja Católica e a construção histórica de pontes e diálogos com outras religiões, cristãs ou não, ou seitas de grupos étnicos, possibilitaram, historicamente, a construção de uma cultura política onde até uma "missa dos quilombos" foi possível de ser construída. Em termos prospectivos é importante não esquecermos nunca do valor cultural que a religião tem no imaginário dos brasileiros. O desenvolvimento de uma sociedade laica, a separação da Igreja do Estado há mais de um século, e a perda de hábitos religiosos, como ir à missa aos domingos, substituída pela ida aos templos do consumo, aos *shopping centers*, não eliminaram a religião do cotidiano das pessoas, agora vista como fé, crença, dimensão espiritual do ser humano. Pesquisas realizadas com estudantes universitários têm registrado esta dimensão, demonstrando-nos que não são apenas os pobres que acorrem aos templos da Igreja Universal ou outras seitas, mas diferentes camadas sociais cultivam a fé num ente superior, divino, como um valor fundamental.

8
Mobilizações e movimentos sociais rurais

No campo dos movimentos sociais rurais a organização popular cresceu bastante a partir dos anos de 1990. Pesquisas recentes indicam a existência de mais de 80 movimentos rurais no Brasil no início deste novo milênio. Na atualidade, os principais movimentos no campo são: o MST – Movimento dos Trabalhadores Rurais Sem-Terra, a Via Campesina (seção Brasil), o MAB – Movimento dos Atingidos pelas Barragens, o MMC – Movimento das Mulheres Camponesas, o MPA– Movimento dos Pequenos Agricultores, a Contag – Confederação dos Trabalhadores da Agricultura, o MMTR – Movimento de Mulheres Trabalhadoras Rurais, a Resab – Rede de Educação do Semiárido Brasileiro, a CPT – Comissão Pastoral da Terra e os sindicatos de trabalhadores rurais vinculados à Contag.

Dentre os inúmeros movimentos de sem-terra criados, o mais expressivo é o MST – Movimento dos Trabalhadores Rurais Sem-Terra, que completou 25 anos em 2009, contabilizando cerca de 1.500 militantes, atuando em 24 estados brasileiros (só não está organizado em alguns estados da Região Norte, como Acre, Amapá e Amazonas). Ele assentou 370 mil famílias em 1.800 assentamentos e contabilizava ainda outras 130 mil famílias em acampamentos. Os números oficiais de assentados e ocupações sempre foram objeto de divergência entre o movimento e o governo. Segundo dados do Laboratório Datalutas, da Unesp, entre 2000 a 2007 ocorreram

143

4.003 ocupações de terra no Brasil, sendo a maioria no Nordeste e no Sudeste. Desse total, 2.190 (55%) foram realizadas pelo MST. O grande crescimento do número de famílias para serem assentadas ocorreu entre 2002/2003, quando este número saltou de 60 mil para 150 mil.O maior número de pessoas assentadas nos últimos anos tem sido na região Norte, onde o número de movimentos e ocupações é menor, mas há um volume maior de terras públicas.

O MST se destaca no território nacional como no plano internacional via um eficiente trabalho de mídia e *marketing* político de suas demandas pela Reforma Agrária, bandeiras e místicas. Destaca-se também por incluir a educação na sua agenda de trabalho e ter um modelo de educação próprio, para ser desenvolvido nas escolas em seus assentamentos e nas escolas de formação de suas lideranças. O trabalho de educação do MST abrange 23 estados brasileiros, e no início desta década já alcançava cerca de 1.800 escolas públicas de Ensino Fundamental (dados do MST, 2001).

Historicamente, as principais ONGs que apoiam o MST são: Anca – Associação Nacional de Cooperação Agrícola, a Concrab – Confederação das Cooperativas de Reforma Agrária do Brasil – e o Iterra – Instituto Técnico de Capacitação e Pesquisa da Reforma Agrária.

O MST busca construir uma identidade cultural nova aos sem-terra, baseada no modelo cooperativo/coletivo. Os sem-terra têm raízes e tradições que fundamentam e balizam suas visões de mundo e comportamentos, advindas de fontes contraditórias – a Igreja Católica e setores da esquerda. Existe uma categoria teórica interessante para entendermos a identidade do MST que é a de *frame*, conceito utilizado intensamente por Tarrow (1994), sendo criado anteriormente por Goffman. Ela diz respeito aos marcos referenciais estratégicos do movimento, aquele conjunto composto de significados e entendimentos comuns compartilhados pelo grupo. Assim, os *frames* do MST – dados pelos símbolos culturais e ideológicos construídos pelo movimento – têm como marcos referenciais um modelo (dado pelo pobre/excluído/sem-terra) e o agenciamento destes *frames* é feito pelas estruturas organizativas do movimento que cria um sujeito singular: sempre de boné vermelho, com foices e enxadas, camiseta branca com o emblema do MST. Os ícones emblemáticos conferem uma identidade àqueles sujeitos que os diferenciam das outras categorias de pobres e igualmente excluídos do campo.

O MST é um ator político porque atribui qualidade aos atores sociais que compõem suas bases ao inseri-los num plano que vai além da luta pelo acesso à terra, que é a luta pela democracia, pela igualdade, contra a exclusão. Ele se formou ao redor de uma identidade-ser sem-terra e luta para alterar a qualidade desta identidade passando a ser um com-terra. Mas ao buscar esta reversão atinge eixos centrais nas relações capitalistas que é a propriedade. O grande problema é que ele quer ser um com-terra, um "igual", sem passar pelo funil divisório que é a compra. Quer o acesso à terra pela posse com direitos iguais aos que detêm a sua propriedade e com isto ele perturba a lógica e a ordem das relações demarcadas na sociedade. Por isto ele é um agente de tensão contínua – tem uma face inovadora e outra perturbadora da ordem dominante.

Existe, entretanto, um ponto fundamental no MST. Trata-se do fato de ele ter mudado a pauta de reivindicações dos trabalhadores brasileiros, criando algo mais adequado ao mundo globalizado que vivemos. As reivindicações clássicas dos trabalhadores desde o século XIX diziam respeito a salários e jornada de trabalho. O MST introduziu uma nova agenda à pauta já tradicional dos trabalhadores rurais (de acesso à terra para nela morar e produzir) composta de três novas reivindicações: acesso ao crédito numa política de democratização da propriedade, apoio técnico aos assentamentos, e organização do trabalho em cooperativas de produção. As duas reivindicações iniciais (terra e moradia) são clássicas na luta das camadas populares. Mas as três últimas (crédito, suporte tecnológico e trabalho cooperado) são atuais, modernas, pois buscam saídas para o emprego no meio rural, na produção de gêneros de primeira necessidade que podem minorar o problema da fome no país, com baixo custo econômico e perspectiva de melhoria na produtividade a médio e longo prazos. Além disso, o acesso ao crédito incide sobre um setor crucial do capitalismo contemporâneo que é o sistema financeiro.

Nos últimos anos houve deslocamentos do foco da luta no MST. Do ponto de vista da questão dos sem-terra propriamente ditos, lutou-se contra o Mram – Modelo de Reforma Agrária de Mercado do Banco Mundial, implementado nos anos de 1990. Segundo alguns analistas, a luta contra o Mram não mais aglutina o conjunto de entidades de representação do campesinato pobre contra as políticas liberais. E mesmo aqueles movimentos que são contrários a ele, como é o caso da Via Campesina, relegaram esse embate a um plano secundário, por entenderem que a contradição principal no meio rural brasileiro hoje está entre o grande "agronegócio" exportador e os trabalhadores rurais sem-terra, e não entre a desapropriação e o crédito fundiário. Do ponto de vista das articulações do MST com outros movimentos internacionais, como a Via Campesina, o foco agora é a questão da biodiversidade. Negri e Cocco (2005) falam de uma nova forma de luta social, o biopoder. A Alba – Aliança Bolivariana – passou a ser, especialmente após o FSM de 2009, uma das grandes frentes de luta articulatória do MST com outros movimentos sociais latino-americanos.

A proposta de Reforma Agrária do MST assenta-se em quatro pilares: a democratização do acesso à terra, combatendo-se a elevada concentração existente (segundo dados do MST, 1% da população é dona de 46% das terras brasileiras e apenas 60 milhões de hectares se destinam à lavoura, dos 360 milhões aptos para a agricultura no país); o desenvolvimento e ampliação da agroindústria local, que não precisa ser uma grande fábrica, pode ser um conjunto de pequenas comunidades de produtores; a educação, em todos os níveis e não só a alfabetização (principalmente o conhecimento tecnológico local, a formação dos jovens como técnicos etc.); e a mudança do modelo tecnológico agrícola existente no Brasil, baseado em oligopólios e nas multinacionais, para um modelo que considere, além do problema social da fome e do desemprego, as especificidades da natureza, um modelo não predatório e que tenha compromisso com as gerações futuras.

A relação MST com a mídia tem sido confusa e contraditória. Num primeiro momento, nos anos de 1990, ela foi estratégica. Por isto as grandes ocupações de terra eram "avisadas" à imprensa, para que fossem noticiadas. Mas, à medida que elas passaram a ocupar as manchetes diárias, a exposição excessiva passou a ter efeitos negativos. E o MST passou a ser utilizado, pela mídia, como elemento de geração do medo e da insegurança junto à opinião pública. Neste século, a criminalização de suas ações tem sido a tônica da grande mídia nacional.

Com o crescimento das ações e movimentos globais, o Movimento da Via Campesina alastrou-se em vários países. Em 2008 ela estava organizada em 90 países, com 160 organizações membros participando. No Brasil criou uma estrutura próxima e parecida com o MST. A luta contra o agronegócio e contra as multinacionais que desenvolvem produtos transgênicos constituem um dos símbolos ou marcas dos eixos de luta da Via Campesina. A participação das mulheres, em igualdade numérica aos homens, é uma das orientações nas suas formas de organização e na direção das frentes de luta. A Via Campesina soube "plantar" o tema da soberania alimentar de forma marcante, transformando-se esta bandeira em um eixo de articulação da maioria dos movimentos sociais que participaram do FSM/2009 em Belém do Pará. A Via Campesina tem como palavra de ordem "globalizemos a luta, globalizemos a esperança".

9
Movimentos sociais no setor das comunicações

Setores da sociedade civil organizada começam a desper-
ar para a necessidade de organizações ao redor da temática
meios de comunicação", tendo em vista sua importância na
ociedade, especialmente a mídia escrita e audiovisual, a exem-
olo da TV e da internet. As rádios livres ou comunitárias (cf.
_EAL, 2007) também se destacam nesta área, como uma das
ormas de viabilizar processos de pressão de suas demandas,
lém de formas de expressão cultural que utilizam várias mí-
lias independentes, como o grafite, o teatro de rua e a convo-
ação de atos instantâneos de protesto, via *blogs* da internet
cf. DOWNING, 2003).

Camadas médias mais intelectualizadas também têm cria-
lo organizações, a exemplo do FNDC – Fórum Nacional
pela Democratização da Comunicação. Mas é no meio popu-
ar que encontramos inúmeras iniciativas de movimentos e
ntidades na busca de publicização de suas demandas, apoios
ou versões dos fatos. A exemplo do citado *Maria Maria*, ob-
erva-se o desenvolvimento da cultura de resistência via meios
le comunicações alternativos. Os espaços comunicacionais
ão estratégicos tanto ao movimento, para publicizar suas de-
nandas e buscar algum espaço contra-hegemônico como
para seus opositores, que buscam desqualificá-los e isolá-los
la opinião pública ao retratá-los como fonte e origem da vio-

lência. A internet tem sido o grande meio/veículo articulador de ações coletivas e movimentos sociais. Ela possibilitou a criação de redes virtuais que viabilizam conexões de grupos que nunca se encontraram fisicamente de fato. A internet e outros meios das novas tecnologias informacionais possibilitam não apenas a conexão e estruturação das ações, mas eles têm sido os grandes agentes divulgadores das informações, alimentadores das ações e reações em cadeia, em tempos recordes. Segundo Leon, Burch e Tamayo (2005), "colocar a comunicação em movimento passou a ser um dos principais desafios das forças sociais empenhadas na construção de alternativas à globalização neoliberal".

Segundo o Comitê pela Democratização da Informática-CDI, uma ONG que atua em várias capitais do Brasil,

> as pesquisas também mostram que cerca de 75% dos(as) jovens de 16 a 24 anos e 90% das pessoas com escolaridade acima de superior completo se conectam à internet. Por outro lado, menos de 6% das pessoas que ganham até 10 salários mínimos têm o mesmo privilégio, sendo que 60% da população brasileira não conta com recursos para comprar computador e pagar o acesso à Rede (*Informe Abong*, 368, 11/10/2006).

A maioria dos movimentos identitários e culturais atua em conjunto com ONGs e têm sido bastante noticiados pela mídia. Muitas vezes lhes são atribuídos muito mais poder e força do que de fato possam deter. Isso ocorre por dois motivos: de um lado como resultado de suas lutas que criaram uma nova gramática no imaginário social e lhes conferiu legitimidade. Por outro lado, este superdimensionamento resulta também da forma como a mídia apaga o conflito, a diferença. Eles se transformam, nas reportagens, em lugares de identificação, eliminam-se do processo de identidade propriamente dito a diferenciação, a luta, a resistência. Os movimentos identitários são reportados como ações coletivas frutos de projetos focalizados, coordenados por indivíduos empreendedores, agrupados segundo categorias de gênero, faixa etária, origem étnica, religião etc. O empreendedorismo social é uma categoria advinda da cidadania empresarial onde líderes comunitários transformam-se em gestores de projetos sociais. Trata-se de uma atividade muito importante na atualidade, mas o problema é a forma como eles são retratados pela mídia ou como eles próprios se apresentam na sociedade. A grande mídia, voltada para formar a opinião pública numa sociedade de massa, elimina a negatividade; só afirma, reafirma e confirma a positividade segundo dados interesses. Todo e qualquer caráter universalista é desconsiderado focalizando-se apenas a especificidade daquele projeto. As redes articulatórias – que dão apoio e suporte – desaparecem; os sujeitos das ações coletivas são transfigurados em simples beneficiários. Exibem-se resultados sem mostrar o processo para se chegar àqueles números. Com isto, os esforços e as possibilidades daqueles sujeitos se emanciparem, ganharem autossuficiência, autonomia em suas ações, gerarem o desenvolvimento sustentado, desaparecem.

Como os movimentos e as ONGs desenvolvem suas próprias mídias de resistência ou de busca de integração na ordem social excludente? A resposta é via redes e parcerias. O trecho que apresentamos a seguir ilustra um pouco esta questão. Ele diz:

> Resultado de uma parceria entre o Centro de Cultura Luiz Freire/TV Viva e a Prefeitura de Recife, o Projeto TV Matraca ficou entre os 100 pré-selecionados para receber o "Gestão Pública", prêmio anual oferecido pela Fundação Getúlio Vargas/SP, a Fundação Ford e o BNDES aos projetos de de-

senvolvimento local. A TV Matraca é um retorno à TV de rua, projeto da TV Viva, de 1984, que consistia na exibição de programas em telões instalados em locais públicos, levantando os problemas e as tradições culturais de 34 bairros de Recife [...] (Boletim da *Abong*, 2002).

As rádios comunitárias têm sido caracterizadas por alguns analistas como redes de resistência alternativas. Sem dúvida que algumas o são, como as que existem em favelas, comunidades de imigrantes etc. Entretanto, há também muitas rádios que se organizam em função de interesses particularistas, para divulgarem mensagens religiosas ou mesmo ter acesso a potenciais eleitores (organizadas por líderes políticos que atuam segundo as velhas regras do caciquismo).

Quando falamos das formas de comunicação temos de registrar também as publicações regulares de várias organizações de apoio e assessoria aos movimentos sociais, que arduamente lutam para pautar suas matérias, obterem apoios financeiros para sustentarem-se, e terem regularidade nas publicações. Como exemplos citamos a *Revista Proposta* da Fase; a *Revista Nuevamerica*, *Novamerica* – bilíngue, a *Revista da Cáritas*, o *Caderno do Ceas* – Centro de Estudos e Ação Social, de Salvador, e muitas outras. Registre-se também a criação de inúmeros observatórios – espécie de agências de acompanhamento, usualmente focados nas políticas públicas, buscando exercer o poder de controle da sociedade civil em alguma área temática social. Há também os observatórios sobre questões sociais como o Observatório de Favelas, Observatório da Juventude, ou mesmo Observatório Mundial, atento à globalização como um todo. Alguns focalizam diretamente temáticas cruciais na atualidade com a ética. Transparência Brasil é um exemplo de busca de monitoramento dos atos do poder público.

Finalizamos o eixo temático sobre as comunicações com uma citação de Canclini: "A subordinação da ação política à sua espetacularização pela mídia está reduzindo a importância dos partidos, dos sindicatos, das greves, das manifestações públicas e de massa, enfim, das instâncias em que as negociações podem ser realizadas" (1997b: 224). O debate das questões e problemas nacionais desaparece e cede lugar às enunciações e prognósticos elaborados pelos "marketeiros", nova categoria social elevada ao nível de novos planejadores e dirigentes dos temas e problemas da sociedade e da política neste final de século. Eles ocupam todos os espaços possíveis na mídia eletrônica e não eletrônica, "cuidam" da formação da opinião pública e controlam sua reação; formulam as agendas de temas e proposições dos políticos. Neste cenário, infelizmente, as manchetes dos jornais e telejornais passam a ser a referência para as ações, tanto dos políticos como de certos movimentos sociais.

10
Movimentos sociais globais

Movimento Anti ou Alterglobalização

Para completar o mapa dos movimentos sociais a partir dos anos de 1990 não poderia deixar de citar o movimento antiglobalização ou alterglobalização, como alguns preferem denominá-lo. Vários estudos registram o início desta forma de movimento nos anos de 1990, citando-se as ações na cidade de Seatle/EUA como um de seus marcos, durante a Conferência Ministerial da Organização Mundial do Comércio iniciando uma nova forma de protesto onde o FMI e o Bird eram os grandes vilões; seguiram-se em Davos/Suíça, durante o Encontro Anual do Fórum Econômico Mundial; em Washington na reunião da primavera de 1999 do FMI/Bird; em Bancoc, durante a reunião da Unctad; no Japão, Melborne/Austrália e Praga, em setembro de 2000, quando os protestos ganharam uma sigla: Ipeng – Iniciativas contra a Globalização Econômica; e em Nice-França, em dezembro de 2000. Acrescente-se a estas manifestações o protesto liderado por José Bové, na França, contra a rede McDonald's (cf., entre outros, AMORIN & ARIAS, 2007; MUÑOZ, 2008; JORDAN, 2002; GOHN, 2007b). Paralelamente, criaram-se organizações que foram fundamentais para a organização dos protestos do movimento tais como a Attac – Associação pela Taxação de Transações para a ajuda aos cidadãos (criada na França em 1998), a partir de ideias desenvolvidas por James

155

Tobin, professor de Yale, em 1978 (ficou conhecida como : Taxa Tobin).

Em publicações anteriores já destacamos a composiçãc heterogênea do movimento (GOHN, 2007c), mas é interes sante nominar as categorias de movimentos sociais presentes nos primeiros anos dele, a saber:

1) Organizações religiosas: Oxfam, Christian AID, Pa: Christi, World Development Movement; Ação Mundia dos Povos, Jubileu Plus.

2) Organizações ambientalistas: World Wildlife Fund Legambiente, Greenpeace, Amigos da Terra, Farm AID.

3) Movimentos anarquistas: Black Bloc, Ya Basta, Rucku: Society, Tute Bianche, Movimento Anarcopunk (Brasil)

4) ONGs: Alternatives Action, The Consumer Project o Tecnology, Turney Point Project, Global Exchange, Inpeg Centro de Mídia Independente, Cruz Vermelha; Centro de Ação Internacional; Mobilização pela Justiça global.

5) Movimentos rurais: Via Campesina, MST/Brasil.

6) Sindicatos: Fitim – Federação Internacional dos Traba lhadores Metalúrgicos da América Latina, a AFL/CIO - entidade de sindicatos norte-americanos (divulgou mani festo em Seattle em 1999); Confederação Internaciona de Sindicatos Trabalhistas Livres, Attac – Ação pelaTri butação das Transações Financeiras em Apoio aos Cida dãos), CUT e Força Sindical/Brasil.

7) Entidade político-ideológica: ETA.

8) Organizações de pequenos empresários: Young Presi dent's Organization etc.

O movimento antiglobalização foi bastante ativo até c trágico 11 de setembro de 2001 nos Estados Unidos. A re pressão e reordenação/revisão de suas ações redefiniram-nc em ações concentradas no FSM e ações pontuais nas reuniões de cúpula de autoridades.

É importante destacar que, apesar das diferenças existentes nesse movimento, composto de uma rede de redes, ele une a crítica que faz sobre as causas da miséria, exclusão e conflitos sociais, à busca e à criação de um consenso que viabilize ações conjuntas. À globalização econômica o movimento propõe um outro tipo de globalização, alternativa, baseada no respeito as diferentes culturas locais. Com isso ele contribui para construir uma outra rede de globalização, a da solidariedade.

O movimento antiglobalização sempre esteve presente no Brasil, de uma forma mais incipiente, mas organizado. O movimento tem participado também de inúmeras campanhas de mobilização. Uma das versões dos protestos antiglobalização foi o plebiscito sobre a dívida externa, realizado no início de setembro de 2000, a Campanha Contra a Alca (cf. MIDLEJ, 2008) e as edições do Fórum Social Mundial. Os fóruns sociais mundiais têm sido uma das frentes de lutas do movimento antiglobalização, pois parte dele esteve presente no Fórum Social realizado em Porto Alegre em 2001, 2002, 2003 e 2005, assim como na Índia em 2004 e na Venezuela em 2006. Em 2007 o FSM na África foi uma experiência contraditória e frustrante. Para 2008, decidiu-se pela realização de milhares de atos parciais, num Dia de Mobilização e Ação Global. Para 2009, o FSM realizou grande Fórum na Amazônia, na cidade de Belém/Pará, com 92 mil inscritos. Dezenas de movimentos sociais participantes do FSM/2009 lançaram uma carta ao final onde conclamam para:

> *El desafio para los movimientos sociales es lograr la convergencia de las movilizaciones globales a escala planetaria y reforzar nuestra capacidad de acción favoreciendo la convergencia de todos los movimientos*

que buscan resistir todas las formas de opresión y explotación.

2 Movimento de Populações Imigrantes

O processo de globalização econômica tem resultado em grandes deslocamentos de populações de seus locais de origem. A crise do Estado de bem-estar social acirrou a questão do atendimento a estas populações, quando fora de seus territórios de pertencimento original. Este cenário tem gerado movimentos sociais na Europa e nos Estados Unidos, especialmente na França e na costa leste norte-americana. No Brasil, onde o controle da imigração não é rígido, grupos de imigrantes vivem nas suas metrópoles em condições de trabalho similares ao tempo da escravidão. Pesquisas e reportagens têm apresentado grupos de bolivianos, por exemplo, vivendo em condições subumanas e trabalhando em indústrias clandestinas de confecções de vestuário. Suas formas organizativas são débeis e incipientes.

3 Movimento pela Paz

Pode parecer estranho localizar os movimentos pela paz na categoria dos movimentos globais, e aparecer ao final da listagem. Há razões: os movimentos pela paz são antigos, muitos deles concentram-se em bandeiras de lutas contra as guerras, estão espalhados pelo mundo, e, muito antes de se falar em movimentos globalizantes, eles já realizavam grandes congressos internacionais em várias partes do mundo, assim como já patrocinaram, junto com outras organizações, grandes *shows* de renomados artistas internacionais, como Sting, em megaeventos que se tornaram históricos, como a série Live AID. Na atualidade eles estão presentes, de forma expressiva, no Fórum Social Mundial; participam portanto da rede das redes de movimentos sociais modernas que é o FSM. Vários deles organizam-se a partir de rede de Movimentos Humanistas – correntes de ideias e/ou religiosas que articulam grupos e ações sociais. Os humanistas têm crescido no mundo todo nas últimas décadas. Nos Estados Unidos, na Califórnia, há uma grande concentração deles. No Brasil o encontramos em organizações específicas, tais como Instituto Sou da Paz, Rio da Paz, Armas da Paz. O Movpaz – Movimento Internacional pela Paz e Não Violência, criado em 1991, espalhou-se a partir dos anos de 1990 em várias cidades brasileiras. Muitos movimentos pela paz têm um forte conteúdo religioso, cristão ou espírita. Em vários casos, eles são conservadores, tratando a questão da paz em termos do comportamento e crenças dos indivíduos, circunscrevendo-a somente no campo da espiritualidade.

Os fóruns

A prática dos Fóruns Sociais Mundiais, que se desmembraram em inúmeros encontros, e inúmeros eixos temáticos – Fórum Mundial de Educação, Fórum Mundial Cultural, Fórum Mundial Imigrantes etc. Ou seja, a rede de fóruns tem gerado, com suas articulações, desdobramento em outros fóruns temáticos.

• O *Fórum Mundial de Educação* foi criado em 2001, na esteira do Fórum Social Mundial, e vem sustentando o direito universal a uma educação emancipatória, o pleno e inalienável direito à educação pública, gratuita, de qualidade social para todos(as). Segundo Gadotti, o FME tem exigido:

> a garantia de acesso e permanência, o direito de aprender na escola, a democratização dos conhecimentos e saberes em benefício de toda a Humanidade, rechaçando qualquer forma de privatização e mercantilização da educação, da ciência e da tecnologia e condenando a apropriação ilegítima dos saberes populares e dos conhecimentos das comunidades nativas. Diante disso, o FME propôs-se articular um movimento mundial em defesa e promoção da educação pública e gratuita em todos os níveis e modalidades, rechaçando qualquer acordo nacional e internacional que promova a mercantilização da educação, conhecimento, ciência e tecnologia, particularmente o relativo ao comércio e serviços da OMC, recusando programas de ajuste es-

trutural que pressionam os governos a desmantelar os serviços públicos. Propôs-se ainda a apresentar aos governos nacionais uma agenda que priorize programas para a eliminação do analfabetismo, pela inclusão educacional da população mais excluída e contra a exploração do trabalho infantil, exigindo deles a democratização da gestão das instituições públicas e das políticas sociais, em especial as educacionais, relacionando-as a políticas intersetoriais que as complementam, fortalecendo as comunidades educativas e promovendo o controle social do financiamento da educação (GADOTTI, 2005: 20).

Em abril de 2004 ocorreu o FME – Fórum Mundial de Educação, em São Paulo, e, segundo os organizadores, 102 mi pessoas participaram! Isso também deve ser visto como parte do movimento social na área da educação, atual, novo, propositivo, que busca atuar em duas frentes: transformar o ensino no interior das escolas e expandir o conceito da educação para além da escola, incluindo todos os processos de formação do cidadãos na sociedade. Em 2007 ocorreu novamente o Fórum Mundial de Educação na cidade de Mogi das Cruzes, Estado de São Paulo. Em 2009 ocorreu junto com o FSM.

• O *Fórum da Participação Popular* e tantos outros fórun e experiências organizativas locais, regionais, nacionais e at transnacionais estabeleceram práticas, fizeram diagnósticos criaram agendas, para si próprios, para a sociedade e para poder público. O Orçamento Participativo e vários progra mas surgiram como fruto dessa trajetória.

• O *Fórum de Movimentos e Entidades Sociais* foi impu sionado por militantes de diferentes entidades, mas havia ur peso grande da rede Fé & Política, criada em 1989 e originár do movimento Fé e Política apoiado pelas Comunidades Ecle siais de Base da Igreja Católica. Frei Betto era uma das liderar ças da Rede. Entretanto, a nova conjuntura política a partir de 2003, conforme destacamos anteriormente, ao analisarmos as lutas pela moradia, criou possibilidades para um avanço organizativo daquele Fórum dando origem à CMS – Coordenação dos Movimentos Sociais. Se observarmos a composição das lideranças da coordenação da CMS podemos ver a presença de vários protagonistas históricos que militam junto aos movimentos populares desde os anos de 1970, tais como: Dom Tomás Balduíno, Plínio de Arruda Sampaio, Frei Betto etc. As lideranças mais jovens advêm do MST e MSTS. Registre-se também que a CMS surgiu a partir de articulações que reorientaram os movimentos sociais populares nos anos de 1990, pois os militantes originários das antigas Cebs não se uniram apenas com a CUT e com o MST, mas também com federações de mulheres, movimentos estudantis, entidades de classe etc.

• O *FNRU – Fórum Nacional de Reforma Urbana*, também já citado anteriormente, existe desde 1987. Em todos esses anos vem estimulando a participação social em conselhos, organizou cursos de capacitação de lideranças sociais, discutiu a elaboração de planos diretores democráticos para as cidades. Uma das maiores conquistas é o Estatuto da Cidade. Entre as entidades integrantes do FNRU que têm investido em iniciativas criativas e que vêm dando resultado estão: a União Nacional de Moradia Popular, o Movimento Nacional de Luta por Moradia, a Central de Movimentos Populares e a Conam – Confederação Nacional das Associações de Moradores.

O FNRU assumiu, em 2006, posicionamento público nas eleições de 2006. Em um de seus boletins ele apresentou sua plataforma pela reforma urbana e pelo direito à cidade, e lançou uma campanha: Olho no seu Voto. Nesta campanha recomendava aos cidadãos, na hora de votar, a observância de vários itens na plataforma dos candidatos, e uma pauta de demandas composta das seguintes reivindicações: recursos para o Fundo Nacional de Habitação e recursos para associações e cooperativas habitacionais, nenhuma ação de despejo contra a população, regularização fundiária das favelas e assentamentos informais e a utilização das terras da União e dos estados para projetos de habitação para a população de baixa renda, repasse dos imóveis públicos vazios para habitação popular; água e esgotos para todos e para todas; transporte público de qualidade com redução das tarifas; a universalização dos direitos humanos como base da política de segurança pública; participação popular e controle social nas políticas públicas urbanas e regulamentação através de projeto de lei do Conselho Nacional das Cidades; acesso à energia elétrica para toda a população, com tarifas sociais para a população de baixa renda; defesa e garantia da aplicação dos recursos públicos nas políticas sociais com mudança na política de superávit fiscal e a redução das taxas de juros; combate a todas as formas de discriminação e preconceito, fim da criminalização dos movimentos sociais. Em 2006, a coordenação do FNRU era composta por inúmeras entidades[3].

---

3. Abea – Associação Brasileira de Ensino de Arquitetura e Urbanismo; Action Aid Brasil; AGB – Associação dos Geógrafos Brasileiros; ANTP – Associação Nacional de Transportes Públicos; Caap – Centro de Assessoria à Autogestão Popular; Centro de Defesa dos Direitos Humanos; CFSS – Conselho Federal do Serviço Social; CMP – Central de Movimentos Populares; Cohre Américas – Centro pelo Direito à Moradia contra Despejos; Conam – Confederação Nacional de Associações de Moradores; CUT – Central Única dos Trabalhadores; Faoc – Fórum da Amazônia Ocidental; Faor – Fórum da Amazônia Oriental/GT Urbano; Fase – Federação de Órgãos para Assistência Social e Educacional; Fenae – Federação Nacional das Associações de Empregados da Caixa Econômica; Fenea – Federação Nacional dos Estudantes de Arquitetura e Urbanismo do Brasil; Fisenge Federação de Sindicatos de Engenheiros; FNA – Federação Nacional dos Arquitetos e Urbanistas; FNeRU – Fórum Nordeste de Reforma Urbana; Fórum Sul de Reforma Urbana; Fundação Bento Rubião; Habitat para Humanidade; Ibam Instituto Brasileiro de Administração Municipal; Ibase – Instituto Brasileiro de Análises Sociais e Econômicas; MNLM – Movimento Nacional de Luta pela Moradia; Observatório das Metrópoles (coordenado pelo Ippur/UFRJ e pela Fase); Polis – Instituto de Estudos, Formação e Assessoria em Políticas Sociais; UNMP União Nacional por Moradia Popular.

Em 2007, O FNRU institucionalizou o Conselho Nacional das Cidades, um espaço de participação em que se juntam em igualdade de condições governo e sociedade para discutir as políticas públicas nacionais para as cidades brasileiras. Neste congresso, o FNRU obteve-se duas grandes conquistas na 3ª Conferência Nacional das Cidades, a saber: a Medida Provisória 387. Esta MP estabeleceu o Sistema Nacional de Habitação de Interesse Social, determinando que recursos públicos já existentes no Fundo Nacional de Habitação de Interesse Social (FNHIS) poderão ser acessados por associações comunitárias e cooperativas autogestionárias. A segunda conquista foi junto do governo federal – em ceder imóveis da União que estejam ociosos para habitação de interesse social. Os principais movimentos sociais de luta pela moradia presentes na Conferência foram: a Conam – Confederação Nacional das Associações de Moradores; a CMP – Central de Movimentos Populares; a UNMP – União Nacional por Moradia Popular; e o MNLM – Movimento Nacional de Luta por Moradia.

O FNRU assinala que uma agenda de intervenção para o desenvolvimento das cidades deve incluir alguns tópicos como: elaboração de planos estratégicos contendo operações urbanas que implicam alterar a distribuição e uso do solo; revisão/criação das legislações; intensificação do modelo de gestão via parcerias – significando a construção de redes para que grupos trabalhem juntos. Desenvolver o sentimento de pertencimento e de solidariedade faz parte de uma agenda de lançamento de bases para o desenvolvimento de uma nova cultura política, oposta à que tem se enraizado no país, fundada no clientelismo/corrupção e malandragem, do "rouba, mas faz", de "sempre levar vantagens". É preciso reverter as situações do chamado "risco calculado", de que nos fala Giddens (1991), ou seja, aquelas circunstâncias em que os indivíduos sabem que estão caminhando no fio da navalha – no mundo das drogas, do tráfico, dos roubos e assaltos; ou, ainda, na precariedade estrutural econômica, compelidos a viverem nas áreas e situações de risco, como nas favelas ou acampamentos à beira das estradas, pois não podem reverter sozinhos suas vidas, sendo necessário conviver com o risco com apoio nos coletivos (FNRU, 2008).

• A *Abong – Associação Brasileira de Organizações não Governamentais* – também é um grande Fórum nacional de organização das ações coletivas. Criada oficialmente em 1991, teve na figura de Betinho um de seus inspiradores e primeiros dirigentes. Já faz mais de dez anos que a sede da Abong localiza-se em São Paulo e situa-se no mesmo prédio onde funciona a ONG "Ação Educativa", com larga tradição e experiência na assessoria aos movimentos sociais e, ultimamente, às redes de mobilizações de trabalhos com os jovens.

As temáticas tratadas pela Abong vão de problemas cotidianos das entidades às políticas sociais por áreas de atuação. O Boletim *On Line* é o principal canal de articulação interna da rede de ONGs filiadas. Mas a Abong promove debates, cursos, elabora subsídios, faz reuniões com os dirigentes governamentais, participa de fóruns nacionais e internacionais. Ou seja, é uma entidade que forma uma rede e ao mesmo tempo conecta-se com outras redes. Sua consolidação e legitimidade é grande, embora o número de entidades filiadas seja pequeno em relação ao universo das ONGs no Brasil, assim como a participação destas entidades no cotidiano da Abong também é pequena (cf. TEIXEIRA, 2003).

Nas grandes capitais brasileiras encontramos Fóruns temáticos específicos, tais como o Fórum Municipal de Saúde e o Fórum Lixo e Cidadania, na cidade de São Paulo. Entidades relacionadas à indústria e ao comércio também tem criado redes, a exemplo do Sesi, que criou a Rede Social reunindo 281 entidades parceiras entre creches, cooperativas, ONGs etc.

Conclusões

Este livro tratou de questões do universo temático das redes de mobilização e participação da sociedade civil no Brasil expressas em movimentos e associações civis. Partimos de um panorama geral da organização da sociedade civil na América Latina em algumas de suas principais formas de luta. Seguimos com uma discussão sobre as categorias que dominam o debate contemporâneo sobre a temática em tela, destacando duas – rede e mobilização social –, demonstrando que há vários paradigmas teóricos que as fundamentam. Para nós elas não substituem a categoria movimento social, mas é um elo para suas articulações políticas e culturais. Apresentamos o cenário dos problemas sociais, especialmente nas grandes cidades brasileiras, para chegarmos às redes movimentalistas e de mobilização, analisadas como agentes estruturantes de energias sociais e fontes de inovações. Considera-se a análise do contexto histórico como fundamental para o entendimento da realidade social. O novo cenário desenhado nos últimos anos apresenta-nos uma realidade onde as práticas e as experiências locais têm relevância. Atuam em redes, mas nem todas as ações coletivas desenvolvem laços de pertencimento, assim como não desenvolvem a consciência de resistência ou o desejo de emancipação social. Atuam em projetos sociais, são mais ativistas *ad hoc* do que militantes com causas e metas claras. Seguindo Rancière, diríamos que nestes casos a participação política é confundida com o consenso e a política deixa de ser "a reivindicação da parte dos que não têm parte a uma intervenção de expedientes" (RANCIÈRE, 1996).

Objetivamos demonstrar que apesar dos problemas sociais assinalados acima o Brasil é, também, palco e objeto de movimentos, lutas sociais, e novas redes de associativismo civil por parte da sociedade civil – com iniciativas inovadoras que vão de atos de resistência pacífica, desobediência civil, movimentos sociais, cooperativas de produção, fóruns e assembleias permanentes, redes de ONGs, observatórios da cidadania de acompanhamento de políticas públicas etc. Existe também, por parte da sociedade política, trabalhos em parceria com redes de mobilizações, gerando ações coletivas mais institucionalizadas, assim como interlocuções entre representantes do poder público e da população organizada, como nos diversos conselhos e câmaras de gestão existentes. Focalizamos as ações advindas da sociedade civil, especialmente dos movimentos, ONGs, fóruns e outras entidades associativas.

O destaque que registramos é: há um novo associativismo, localizado prioritariamente no urbano, e ele é novo na forma de se organizar, nas demandas e nas práticas desenvolvidas. É ativo e propositivo, não se limita às camadas populares, atua em rede e se articula com uma nova esfera pública – que cria espaço de interlocução, debates, proposições. Esse associativismo é herdeiro da trajetória de inúmeros sujeitos sociopolíticos na sociedade civil brasileira, representados por movimentos sociais, ONGs, associações de moradores, CEBs e outras entidades. A herança da militância em movimentos sociais nos anos de 1970 e 1980 deixou marcas diferenciadas. A influência das práticas da ala progressista da Igreja cristã junto à organização popular fez do tema da autonomia um recurso estratégico, utilizado de diferentes formas pelos movimentos. Abre-se com isto possibilidades para uma participação com controle social mais efetivo, menos cooptada e menos caudatária às redes de clientelismo.

As organizações populares, tradicionais e novas, têm enfrentado desafios inéditos para se readaptarem à nova conjuntura. Relações de novo tipo têm sido propostas por órgãos governamentais e agências multilaterais, em processos massivos e sistemáticos de participação comunitária. Novas formas de organização têm sido criadas como fóruns específicos, transversais, ou transnacionais, assim como novas redes temáticas têm se formado, em articulações eventuais ou mais permanentes, onde se juntam movimentos de moradia, saneamento, transporte, de jovens, mulheres, negros, grupos culturais, atividades artísticas e ativistas ambientais e sindicais etc. fazendo dos problemas sociais e das políticas públicas tema e objeto renovado de ação.

Concluímos que os anos de 1980 podem ser caracterizados como a fase movimentalista dos movimentos populares – ações organizadas mais internas – de dentro das comunidades para fora, a exemplo da área da saúde onde chegaram a criar conselhos populares. A partir dos anos de 1990 o cenário se altera, novíssimos personagens entram em cena, como as modernas ONGs e entidades do Terceiro Setor – muitas delas com articulações com empresas e suas políticas de responsabilidade social. Inicia-se uma fase mobilizatória de ações de fora para dentro das comunidades. Este novo associativismo tem outro caráter, mais focado no trabalho pontual, articulado em redes, com apoio ou parcerias com programas oficiais governamentais. Em geral este associativismo está estruturado ao redor de dois eixos: controle social – para o caso daqueles que participam de conselhos gestores, assembleias, fóruns e câmaras participativas de articulação entre representantes da sociedade civil e de órgãos públicos; e atividades locais de mobilização tópica, pontual, ao redor de algum projeto social, com funcionamento patrocinado por apoios externos de múltipla natureza, assessoria (ONGs, fundações empresariais etc.) e apoio financeiro (projetos especiais datados provenientes de programas públicos governamentais ou instituições particulares que atuam no campo dos incentivos e patrocínios culturais).

Mas os movimentos não desaparecem, criam e atuam em redes, formam fóruns, tornam-se protagonistas das novas políticas sociais no Brasil, junto com as ONGs e outras entidades do Terceiro Setor. Nos anos de 2000, no urbano, o movimento de luta pela moradia popular é o mais organizado e o grande articulador das mobilizações que ganham visibilidade na mídia. Diferentemente dos anos de 1980, quando os movimentos eclodiam mais na periferia da cidade, atualmente a luta pela moradia popular está mais concentrado nas áreas centrais da cidade. Ele continua heterogêneo na forma de organização e no foco de suas demandas: favelas, cortiços, casarões e imóveis ocupados, moradores nas ruas, projetos de habitação não atendidos etc. No rural, a questão da terra leva a uma pluralidade de novos movimentos sociais sem-terra e a ampliação das pautas, com as lutas contra os transgênicos, biodiversidade, biopirataria, biopoder etc.

Vários outros movimentos sociais foram criados na última década, principalmente contra a violência urbana. Temas como identidade cultural, diferenças e do multiculturalismo deixaram de ser objeto de estudos acadêmicos ou regulamentações no campo das leis e passaram a ser suporte de inúmeros projetos sociais desenvolvidos junto a comunidades excluídas.

Os fóruns têm criado redes que ultrapassam as fronteiras nacionais e têm alterado a linguagem e a cultura do mundo associativo. De certa forma eles têm pautado as ações das redes de movimentos e ONGs. Todos juntos são os novos agentes estruturantes das redes movimentalistas e mobilizatórias, construindo e definindo os espaços e os vínculos de sociabilidade e cultura política do país. Mobilização social transformou-se numa categoria de destaque; ela merece ser incluída nos verbetes principais dos estudos e análises teóricas das Ciências Humanas e Sociais. Rede deixou de ser um recurso estratégico para se transformar numa forma e ferramenta de ação social coletiva.

O movimento social, enquanto um sujeito social coletivo, não pode ser pensado fora de seu contexto histórico e conjuntural. Os movimentos sociais continuam com forte presença neste novo século, lutando para construir ou preservar princípios e identidades construídas, embora elas, identidades, sejam móveis, variam segundo a conjuntura. Há um processo de socialização da identidade que vai alterando-a à medida que ela modela/remodela-se, a partir das novas pautas das demandas. Compartilhamos a ideia de Hobsbawm quando afirma que as identidades são múltiplas, combinadas e intercambiáveis. Ao contrário da política de identidades construídas pelo alto, advindas de algumas entidades, públicas ou privadas, as quais, usualmente, tratam os cidadãos de uma dada categoria socioeconômica e cultural de forma homogênea (nos termos criticados por FRASER, 2001), a identidade política dos movimentos sociais não é única, ela pode variar em contextos e conjunturas diferentes. E muda porque há aprendizagens e a produção de novos saberes, que geram consciência e possibilidades de entendimento. Na maioria das vezes, os sujeitos participantes dos movimentos sociais têm aprendido a fazer leituras de mundo, identificar projetos diferentes ou convergentes, gerados como respostas às pressões e demandas socioeconômicas que eles fazem. Aprendem também com as respostas, estatais ou da sociedade, às suas demandas no plano da cultura, com o reconhecimento no plano dos valores ou da moral. Ressalve-se entretanto que estes processos nem sempre são constatados nas redes de mobilizações civis, mobilizadas em função de projetos sociais tópicos e específicos.

Referências bibliográficas

ALBUQUERQUE, J.G. (1977). *Movimento estudantil e consciência social na América Latina*. Rio de Janeiro: Paz e Terra.

ALEXANDER, J. (1998). *Real Civil Societies*. Londres: Sage/ISA.

AMORIN, E.R. & ARIAS, S. (2008). "Movimentos sociais e neoliberalismo". *6º Encontro da ABCP*. Campinas: Unicamp.

ANDRADE, E.C. (2009). "As práticas formativas da Cáritas Brasileira e a Educação popular: uma trajetória de aprendizados, tensões e ressignificações a partir do Programa de Políticas Públicas". *Relatório de Qualificação*. São Paulo: USP/Faculdade de Educação, 252 p.

ANTROBUS, P. (2007). *Le mouvement mondial des femmes*. Paris: Enjeux Planète.

APEOESP (1997). "Sindicato dos Professores do Ensino Oficial do Estado de São Paulo". *Jornal da Apeoesp*, set. [suplemento especial].

ARENDT, H. (2001). *A condição humana*. São Paulo: Forense Universitária.

AVRITZER, L. (2007). *A participação social no nordeste*. Belo Horizonte: UFMG.

AVRITZER, L. (org.) (2004). *A participação em São Paulo*. São Paulo: Unesp.

BARNES, J. (1987). As redes sociais e processo político. In: FELDMAN, B.B. (org.). *Antropologia das sociedades contemporâneas*. São Paulo: Global.

BAUMAN, Z. (2001). *Community*. Cambridge: Polity.

BLOCH, J.A. (2008). *Movimentos de moradia no centro de São Paulo*. São Paulo: USP [Dissertação de mestrado em Sociologia].

BLOKLAND, T. (2003). *Urban bonds*. Londres: Basil Blackwell.

BOBBIO, N.; MATTEUCCI, N. & PASQUINO, G. (1986). *Dicionário de Política*. 2. ed. Brasília: UnB.

BORON, A. & LECHINI, G. (org.) (2006). *Política y movimientos sociales en un mundo hegemônico* – Lecciones desde África, Ásia y América Latina. Buenos Aires: Clacso.

BOURDIEU, P. (2002). *Contrafogos – 2*: Por um movimento social europeu. Rio de Janeiro: Zahar.

BOURRIAUD, N. (2006). Ser moderno no século XXI é olhar para o passado. *Folha de S. Paulo*, 16/10.

BURITY, J.A. (2006). Cultura e identidade nas políticas de inclusão social. In: AMARAL JR., A & BURITY, J.A. (orgs.). *Inclusão social / Identidade e diferença* – Perspectivas pós-estruturalistas de análise social. São Paulo: Annablume, p. 39-66.

BRINGEL, B. (2009). "O futuro anterior – Continuidades e rupturas nos movimentos estudantis do Brasil". *Revista Eccos*, 11. São Paulo: Uninove.

BRINGEL, B. & FALERO, A. (2008). "Redes transnacionais de movimentos sociais na América Latina e o desafio de uma nova construção socioterritorial". *Caderno CRH* – Revista do Centro de Recursos Humanos da UFBA, vol. 21, n. 53, mai.-ag., p. 269-288. Salvador.

BRINGEL, B. & ECHART, E. (2008). Movimentos sociais e democracia: os dois lados das "fronteiras". *Caderno CRH – Revista do Centro de Recursos Humanos da UFBA*, vol. 21, n. 54, set.-dez., p. 457-475. Salvador.

CAETANO, G. (org.) (2006). *Sujetos sociales y nuevas formas de protesta em la história reciente de La América Latina*. Buenos Aires: Clacso.

CAILLÉ, A. (2002). *Antropologia do dom* – O terceiro paradigma. Petrópolis: Vozes.

CALLON, M. (1995). *La doublé significión de la notion de reseaux:* forme emergente et modelité de coordination. Grenoble: École d'Hiver de Chercheurs [Col-de-Porte].

CANCLINI, N.G. (1997). *Cultura y comunicación*: entre lo local y lo global. La Plata: Ediciones de Periodismo y Comunicación.

CARDOSO, A. (2005). *A década neoliberal e a crise dos sindicatos no Brasil*. São Paulo: Boitempo.

CASTELLS, M. (2008). *Observatório global*. Barcelona: Laiee.

_____ (2001). *The internet galaxy*. Oxford: Oxford University Press.

_____ (1999). *A sociedade em rede*. São Paulo: Paz e Terra.

CATTANI, A. & CIMADAMORE, A. (orgs.) (2007). *Produção de pobreza e desigualdade na América Latina*. Porto Alegre: Clacso/Tomo Editorial.

COHEN, J. (2003). "Sociedade civil e globalização: repensando categorias". *Revista Dados*, vol. 46, n. 3, p. 419-459. Rio de Janeiro.

CONFERÊNCIA DAS CIDADES (2001). *Carta de Convocação e documento final*. São Paulo.

COSTA, M.R. (2008). *Urdindo as identidades coletivas dos movimentos sociais no Nordeste Brasileiro*. Recife: UFPE/Faculdade de Serviço Social.

COSTA SANTOS, G.G. (2007). "Mobilizações homossexuais e Estado no Brasil: São Paulo (1978-2004)". *Revista Brasileira de Ciências Sociais*, vol. 22, n. 63, fev., p. 121-135.

DAGNINO, E.; OLIVEIRA, A.J. & PANFICHI, A. (orgs.) (2006). *A disputa pela construção democrática na América Latina*. São Paulo/Campinas: Paz e Terra/Unicamp.

DAVIS, M. (2006). *Planeta favela*. São Paulo: Boitempo.

DEGENNE, A. & FOSSÉ, M. (1999). *Introducting social networks*. Londres: Sage.

DELLA PORTA, D. (2007). *O movimento por uma nova globalização*. São Paulo: Loyola.

DEL PRIORI, M. (org.) (1997). *História da mulheres no Brasil*. São Paulo: Contexto/Unesp.

DI MARCO, G. & PALOMINO, H. (2004). *Reflexiones sobre los movimientos sociales en la Argentina*. Buenos Aires: Unansam.

DOMINGUES, J.M. (2007). *Aproximações à América Latina:* desafios contemporâneos. Rio de Janeiro: Civilização Brasileira.

DOWNING, J.D.H. (2003). *Mídia radical nas comunicações e movimentos sociais*. São Paulo: Senac.

EAGLETON, M. (1996). *Feminist literary criticism*. Oxford: [s.e.].

FISCHER, T. (2008). *Sobre redes, alianças estratégicas e parcerias para o desenvolvimento regional sustentável.* Salvador: UFBa.

FIPE (1994). *Cortiços na cidade de São Paulo.* São Paulo, Fipe/USP.

FONTES, B.A. (2006). "Rede, governança urbana e práticas associativas: o exemplo do Programa Saúde da Família". *Encontro Anual da Anpocs.* Caxambu.

FÓRUM DE ONGs BRASILEIRAS (1992). *Meio ambiente e desenvolvimento: uma visão das ONGs e dos movimentos sociais brasileiros.* Rio de Janeiro: [s.e.].

FÓRUM NACIONAL DE PARTICIPAÇÃO POPULAR NAS ADMINISTRAÇÕES MUNICIPAIS (1995). *Poder local, participação popular e construção da cidadania.* São Paulo: Instituto Cajamar/Instituto Pólis/Fase/Ibase.

FÓRUM NACIONAL DE REFORMA URBANA (1999). *Estatuto da cidade.* São Paulo: [s.e.].

FRANCO, A. (s.d.). "Um apaixonante debate com David de Ugarte sobre as redes sociais distribuídas". *Carta Rede Social,* 163, p. 10-11.

FRANTZ, W. (2009). O associativismo e o cooperativismo na intervenção contra a exclusão social – Uma experiência de educação para a participação: o Projeto Prorenda. In: BALSA, C.; BONETI, L.W. & SOULET, M.-H. (orgs.). *Políticas públicas e responsabilidade civil:* uma problemática transnacional. Ijuí/Lisboa: Unijuí/Ceeos, p. 189-219.

FRASER, N. (2001). "Recognition without ethics". *Teory, Culture and Society,* 18.

GABEIRA, F. & BENDICT, D.C. (1985). *Nós que amávamos tanto a revolução* – Diálogo Gabeira / Cohn-Bendict. Rio de Janeiro: Rocco.

GIDDENS, A. (1993). *Sociology*. 2. ed. Cambridge: Polity Press.

GOHN, D. (2003). *Autoaprendizagem musical* – Alternativas tecnológicas. São Paulo: Annablume.

GOHN, M.G. (2009a). *Os(as) educadores(as) do Programa Rumos Educação, Cultura e Arte* –Edição 2008-2010. São Paulo: Itaú Cultural.

_____ (2009b). *Movimentos sociais e educação*. 7. ed. São Paulo: Cortez [1. ed., 1992].

_____ (2008a). *Movimentos e lutas sociais na história do Brasil*. 4. ed. São Paulo: Loyola [1. ed., 1995].

_____ (2008b). *O protagonismo da sociedade civil*: movimentos sociais, ONGs e redes solidárias. 2. ed. São Paulo: Cortez [1. ed., 2005].

_____ (2008c). *Educação não formal e cultura política*. 4. ed. São Paulo: Cortez [1. ed., 1999].

_____ (2008d). *Teoria dos movimentos sociais*. 6. ed. São Paulo: Loyola [1. ed., 1997].

_____ (2008e). *Novas teorias dos movimentos sociais*. São Paulo: Loyola.

_____ (2007a). *Universos da educação não formal*. São Paulo: Itaú Cultural.

_____ (2007b). *Conselhos gestores e participação sociopolítica*. 3. ed. São Paulo: Cortez [1. ed., 2001].

_____ (2007c) (org.). *Movimentos sociais no século XXI*. 3. ed. Petrópolis: Vozes [1. ed., 2003].

_____ (2003). *Sem-terra, ONGs e cidadania*. 3. ed. São Paulo: Cortez [1. ed., 1997].

_____ (2000). *Mídia, Terceiro Setor e MST*. Petrópolis: Vozes.

_____ (1991). *Lutas pela moradia popular*. São Paulo: Loyola.

_____ (1985). *A força da periferia* – A luta por creches em São Paulo. Petrópolis: Vozes.

_____ (1982). *Reivindicações populares urbanas*. São Paulo: Cortez.

GROPPO, L.A.; FILHO, M.Z. & MACHADO, O.L. (orgs.) (2008). *Movimentos estudantis na contemporaneidade*. Recife: UFPE.

HENRIQUES, M.S. (org.) (2007). *Comunicação e estratégia de mobilização social*. Belo Horizonte: Autêntica.

HERSCHMANN, M. (org.) (1997). *Abalando os anos 90: funk e hip-hop*. Rio de Janeiro: Rocco.

HONNETH, A. (2003). *Luta por reconhecimento* – A gramática moral dos conflitos sociais. São Paulo: Ed. 34.

HORTA, J.S.B. (1991). "Planejamento educacional". In: MENDES, D.T. *Filosofia da Educação Brasileira*. São Paulo: Civilização Brasileira, p. 195-239.

IBARRA, P. & GRAU, E. (orgs.) (2008). *La red em la ciudad*. Barcelona: Icaria.

IBGE (2002). *Censo de 2000*. Rio de Janeiro: Fund. IBGE.

IPEA (2006). *Brasil:* o Estado de uma nação. Brasília: [s.e.].

IVO, A.B.L. (2008). *Viver por um fio* – Pobreza e política social. Salvador/São Paulo: CRH/UFBa/Annablume.

JACOBI, P. & MONTEIRO, F. (2007). Redes sociais. In: FERRARO JR., L.A. (org.). *Encontros e caminhos* – Vol. 12: Formação de educadoras(es) ambientais e coletivos educadores. Brasília: MMA/Departamento Educação Ambiental, p. 315-321.

JORDAN, T. (2002). *Activism direct action, hacktivism and the future of society*. Londres: Reaktion.

LANIADO, R. & BAIARDI, A. (2006). "Redes e associativismo em uma sociedade globalizada". *Caderno CRH*, 46, p 111-121. Salvador: UFBa.

LAVALLE, A.A.G.; CASTELO, G. & BICHIR, R. (2006) "Redes, protagonismos e alianças no seio da sociedade civil". *30° Encontro Anual da Anpocs*. Caxambu.

LEAL, S.A.G. (2007). *Rádio comunitária, espaço público e democracia*: estudos de caso da França e no Brasil. Brasília: UnB [Tese de doutorado].

LEON, O.; BURCH, S. & TAMAYO, E. (2005). *Comunicación en movimiento*. Quito: Elai.

LEVY, B. & GIANATELLI, N. (orgs.) (2008). *La política em movimiento:* identidades y experiencias de organización em América Latina. Buenos Aires: Clacso.

LIMA, J.C. (2007). O trabalho em cooperativas: dilemas e perspectivas. In: DRUCK, G. & FRANCO, T. (orgs). *A perda da razão social do trabalho* – Terceirização e precarização. São Paulo: Boitempo, p. 69-80.

MacRAE, E. (1990). *A construção da igualdade* – Identidade sexual e política no Brasil da abertura. Campinas: Unicamp.

MARQUES, E. (2007). Redes sociais, segregação e pobreza em São Paulo. São Paulo: USP/FFLCH [Tese de livre-docência].

_____ (2003). *Redes sociais, instituições e atores políticos no governo da cidade de São Paulo.* São Paulo: Annablume/Fapesp.

MARTHOZ, J.-P. et al. (2007). *Où va l'Amérique Latine?* – Tour d'horizon d'un continent em pleine mutation. Bruxelas: Grip/Complexe.

MARTINS, P.H. (2004). "As redes sociais, o sistema da dádiva e o paradoxo sociológico". *Caderno CRH*, 40, p. 33-48. Salvador: UFBa.

MARTINS FILHO, J.R. (1987). *Movimento estudantil e ditadura militar*: 1964-1968. Campinas: Papirus.

MELUCCI, A. (1996). *Challeging codes.* Cambridge: Cambridge University.

MESQUITA, P. & LEVISKY, D. (2004). "Instituto São Paulo Contra a Violência". *Folha de S. Paulo* – Caderno Equilíbrio, 04/03, p. 6.

MIAGUSKI, E. (s.d.). *Os movimentos de moradia de São Paulo nos anos 90*: entre a experiência democrática e o encapsulamento privado. São Paulo: USP [Tese de doutorado em Sociologia].

MIDLEJ, S. (2008). *A campanha contra a Alca.* Brasília: UnB [Tese de doutorado].

MIRZA, C.A. (2006). *Movimientos sociales y partidos políticos en América Latina.* Buenos Aires: Clacso.

MOVIMENTO DOS TRABALHADORES RURAIS SEM-TERRA (2009). 25 anos de lutas e conquistas. *Jornal dos Trabalhadores Rurais Sem-Terra*, 298 ed., 30/01 [http://www.mst.org.br/mst/jornal_pagina.php?ed=82&cd=6249 – Acesso em 30/03/09].

_____ (2006a). "Acampamentos 2005". Biblioteca – *Dados*, 14/07 [http://www.mst.org.br/mst/pagina.php?cd=871 – Acesso em: 30/03/09].

_____ (2006b). "Assentamentos do MST em 2004". *Biblioteca* – Dados, 14/07 [http://www.mst.org.br/mst/pagina.php?cd=1010 – Acesso 30/03/09].

_____ (2001). "Escola itinerante em acampamentos do MST". *Estudos Avançados*, vol. 15, n. 42, mai.-ago., p. 235-240 [http://www.scielo.br/pdf/ea/v15n42/v15n42a11.pdf – Acesso em 12/08/08].

MUNARIM, A. (2008). "Movimento Nacional de Educação do Campo: uma trajetória em construção", 17 f. 31ª *Reunião da Anped.* Caxambu [GT 3: Movimentos Sociais e Educação – http://www.anped.org.br].

MUÑOZ, E.E. (2008). *Movimientos sociales y relaciones internacionales* –La irrupción de um nuevo actor. Madri: Catarata.

NEGRI, A. & COCCO, G. (2005). *Global* – Biopoder e luta em uma América Latina globalizada. São Paulo: Record.

O'DONNEL, G. (1998). "*Accountability* horizontal e novas poliarquias". *Lua Nova*, 44. São Paulo: Cedec.

OLIVEIRA, L.M. (2006). "A iconografia como desdobramento da concepção de mundo da Comunidade Maxakali".

Congresso e Simpósio Internacional Pedagogia Social. São Paulo: USP.

PAIVA, V. (2003). *História da educação popular no Brasil –* Educação popular e educação de adultos. São Paulo: Loyola.

PALUDO, C. (2001). *Educação popular em busca de alternativas –* Uma leitura desde o campo democrático e popular. Porto Alegre: Tomo Ed.

PAOLILLO, V. (2009). "A cultura e a diversidade cultural". *Linguagens da cultura –* Desafios da educação não formal, 15/04. Instituto Itaú Cultural.

PIERUCCI, F. & PRANDI, R. (1996). *A realidade social das religiões no Brasil –* Religião, sociedade e política. São Paulo: Hucitec.

PNAD/IBGE (2006). *Pesquisa Nacional por Amostra de Domicílios* [s.n.t.].

POCHMANN, M. & AMORIN, R. (orgs.) (2003). *Atlas da exclusão social no Brasil.* São Paulo: Cortez.

PUTNAM, R.D. (2000). *Bowling alone –* The collapse and revival of American community. Nova York: Simon & Schuster.

_____ (1993). *Comunidade e democracia:* a experiência da Itália moderna. Rio de Janeiro: FGV.

RANCIÉRE, J. (1996). *O desentendimento*: política e filosofia. São Paulo: Ed. 34.

_____ (1995). *Políticas da escrita.* São Paulo: Ed. 34.

ROCHA, L. (2006). "As proximidades e os afastamentos possíveis – Lideranças comunitárias falam sobre associação de moradores e tráfico de drogas em favelas do Rio de Janeiro". *30º Encontro Anual da Anpocs.* Caxambu.

RODRIGUES, L.M. (1999). *Destino do sindicalismo.* São Paulo: Edusp.

SACKS, J. (2007). "Procura-se uma cultura nacional". *O Estado de S. Paulo,* 28/10, p. 16.

SADER, E. (2005). Hegemonia e contra-hegemonia. In: CE-CENÃ, E. (org.). *Hegemonias e emancipações no século XXI.* São Paulo: Clacso, p. 15-34.

SANTOS, B.S. (2006). *A gramática do tempo –* Para uma nova cultura política. São Paulo: Cortez.

SANTOS, B.S. (org.) (2002). *Democratizar a democracia.* Rio de Janeiro: Civilização Brasileira.

SCHERER-WARREN, I. (2008). "Redes de movimentos sociais na América Latina". *Caderno CRH –* Revista do Centro de Recursos Humanos da UFBa, vol. 21, n. 54, set.-dez., p. 505-517. Salvador.

_____ (2007). Redes sociais e de movimentos. In: MINIS-TÉRIO DO MEIO AMBIENTE. *Encontros e caminhos –* Vol. 2: Formação de educadoras(es) ambientais e coletivos de educadores. Brasília: [s.e.], p. 325-332.

_____ (2006). "Das mobilizações às redes de movimentos sociais". *Sociedade e Estado,* vol. 21, n. 1, jan.-abr., p. 109-130. Brasília: UnB [Dossiê Movimentos Sociais].

_____ (1993). *Redes de movimentos sociais.* São Paulo: Loyola.

SEOANE, J. (org.) (2003). *Movimientos sociales y conflito en América Latina.* Buenos Aires: Clacso/Osal.

EOANE, J. & TADDEI, E. (orgs.) (2001). *Resistências mundiais*. Petrópolis: Vozes.

SCOCUGLIA, J.B.C. (2004). *Cidadania e patrimônio cultural*. João Pessoa: Universitária.

SILVA, S.A.M. (2008). *Ganhamos a batalha mas não a guerra – A visão da Campanha Nacional contra a Alca sobre a não assinatura do acordo*. Brasília: UnB, 275 p. [Tese de doutorado].

SOBOTKA, E.A & SAAVEDRA, G.A. (orgs.) (2008). "Reconhecimento e teoria crítica". *Civitas*, vol. 8, n. 1. Porto Alegre: Pucrs.

SOUZA-LOBO, E. (1991). *A classe operária tem dois sexos – Trabalho, dominação e resistência*. São Paulo: Brasiliense.

UGARTE, D. (2008). *O poder das redes*. Porto Alegre: Edipucrs.

URQUIDI, V. (2007). *Movimento cocaleiro na Bolívia*. São Paulo: Hucitec.

TAYLOR, C. (1992). *El multiculturalismo y la política del reconocimiento*. México: Fondo de Cultura Económica.

TARROW, S. (2005). *New Transnational Activism*. Cambridge: Cambridge Press.

_____ (1994). *Power in movement*. Cambridge: Cambridge Press.

TEIXEIRA, A.C.C. (2003). *Identidades em construção – As organizações não governamentais no processo brasileiro de democratização*. São Paulo: Annablume/Fapesp.

TEIXEIRA, E.C. (2008). Organizações da sociedade civil e poder público. In: TEIXEIRA, E.C. (org.). *Sociedade civil na Bahia* – Papel político das organizações. Salvador: Edufba, p. 21-35.

TELLES, V.S. (2001). *Pobreza e cidadania*. São Paulo: Ed. 34.

TELLES, V.S. & CABANES, R. (org.) (2006). *Nas tramas da cidade* – Trajetórias urbanas e seus territórios. São Paulo: Humanitas.

TILLY, C. (1978). *From mobilization to revolution*. Massa Addison-Wesley.

TOMASIN, P. (1994). "Redes: introdução conceitual". *Revista Gaveta Aberta*, 1. Recife: Equip.

TORO, J.B. & WERNECK, N.M.D.F. (2006). *Mobilização social*: um modo de construir a democracia e a participação Belo Horizonte: Autêntica.

TOURAINE, A. (2007a). O *mundo das mulheres*. Petrópolis Vozes.

_____ (2007b). *Penser autrement*. Paris: Fayard.

_____ (2006). *Um novo paradigma* – Para comprender o mundo de hoje. Petrópolis: Vozes.

VELASCO, L.G. (2004). *Nuestra cabeza piensa donde nuestros pies caminan* – Movimiento de Barrios de PIE. Buenos Aires: La Fraga.

VIANA, C. (1999). Os *nós do "nós"* – Crise e perspectiva da ação coletiva docente em São Paulo. São Paulo: Xama.

VICENTINI, P.P. (1997). *Um estudo sobre o CPP (Centro do Professorado Paulista)*: profissão docente e organização do magistério (1930-1964). São Paulo: USP/Faculdade de Educação [Dissertação de mestrado].

VIDAL, J. (2009). *Um diálogo entre a política cultural e a educação não formal* – Contribuições para o processo de constituição da cidadania das pessoas com deficiência. São Paulo: USP/ Faculdade de Educação, 274p. [Dissertação de mestrado].

VILLASANTE, T. (2002). *Redes e alternativas* – Estratégias e estilos criativos na complexidade social. Petrópolis: Vozes.

WACQUANT, L. (2007). *Parias urbains:* guetto, banlieus, état. Paris: La Découverte/Poche.

ZIBAS, D. (2008). "A revolta dos pinguins e o novo pacto educacional chileno". *Revista Brasileira de Educação*, vol. 13, n. 38, p. 199-220.